Hedwig Seipe

Das Märchen von den neun Sternlein

Die Methode der Fliegenden Sterne begreifbar gemacht

Synergia

3. Auflage, 2012
Veröffentlicht im Synergia Verlag, Erbacher Straße 107,
64287 Darmstadt, www.synergia-verlag.de

Umschlaggestaltung, Gestaltung und Satz: FontFront.com, Darmstadt
Printed in CZ
ISBN-13: 978-3-940392-13-8

Bibliografische Information der Deutschen Bibliothek
Die Deutsche Bibliothek verzeichnet diese Publikation in der deutschen Nationalbibliographie; detaillierte bibliografische Daten sind im Internet unter http://dnb.ddb.de abrufbar.

Danke

Das Buch wäre ohne die grandiose Unterstützung von Claudia Schramm nie Wirklichkeit geworden. Ich danke Claudia für ihre unermüdliche Hilfe beim Redigieren und für ihre erfrischenden Ideen. Sie war mein Spiegel, den ich brauchte, um die drohende Betriebsblindheit zu verhindern.

Außerdem danke ich meiner liebsten Tochter Eva, die mich trotz ihren zarten Alters von neun Jahren wunderbar unterstützt hat. Auch sie hat immer wieder die Texte fleißig gelesen und auf die sprachlichen Entgleisungen hingewiesen.

Hedwig Seipel
Wilhelmstrasse 136, 64625 Bensheim
Telefon: 06251-8559955, E-Mail: mail@fengshui-classic.de

Inhaltsverzeichnis

Vorwort

Die Methode der Fliegenden Sterne ist eine harte Nuss für alle, die Feng Shui in seiner Ganzheitlichkeit erlernen wollen. Um die Nuss leichter zu knacken, hilft eine Erzählung, die aus dem trockenen Stoff ein ohrzartes Märchen macht.

Ein Buch über die „Fliegenden Sterne“ zu schreiben, diese Idee hatte ich schon lange. Immer, wenn ich in Vorträgen oder Seminaren über Literatur gesprochen habe, kam die Frage nach deutschsprachigen Fachbüchern zum Thema „Fliegende Sterne“. Meine Empfehlungsliste war sehr dürftig. Also beschloss ich, selbst ein Buch darüber zu schreiben. Nur ein gewöhnliches Buch sollte es nicht werden. Der Stoff an sich ist so komplex, dass es eine sehr trockene Angelegenheit wäre, ihn schriftlich zu erklären.

Die Lösung ist mir wie ein Stern aufgegangen, als ich in einem Seminar versuchte, den teilnehmenden Studenten mittels Metaphern die Methode zu erklären. Das Ergebnis hat mich verblüfft. Die meisten haben die Fliegenden Sterne sehr schnell und in lockerer Weise begriffen.

Tauchen Sie in das Märchen ein, lassen Sie sich davon überraschen, wie mühelos Sie sich in dem Thema bewegen werden. Doch es bleibt nicht beim Erzählen. Die Fachinhalte jedes Teilbereiches sind am Ende des Kapitels in übersichtlicher Form zusammengefasst und können als eigenes Nachschlagewerk genutzt werden. Spielen Sie mit dem Stoff, lassen Sie Ihrer Kreativität in der Interpretation der Fliegenden Sterne freien Lauf. Werden Sie zum mutigen Held und zum Sieger in diesem Märchen.

Ein wenig Vorwissen sollten Sie aber mitbringen. Die Grundbegriffe des Feng Shui wie Yin und Yang, die fünf Wandlungsphasen, die Trigramme sowie die Systeme von Ho Tu und Lo Shu setzt das Märchen als bekannt voraus.

Auf Ihre Erfahrungen bin ich sehr gespannt. Teilen Sie mir mit, wie es Ihnen mit diesem Abenteuer ergangen ist. Ihre konstruktive Kritik wird zur weiteren Entwicklung des Märchens beitragen.

Nun wünsche ich Ihnen viel Spaß und Erfolg mit den „neun Sternlein"!

Die Sterne gehen auf

Im ersten Teil des Märchens erfahren Sie, warum es die neun Sterne gibt und wie sie heißen.

Es gab einmal das Königreich von König Yang und Königin Yin. Sie lebten sehr harmonisch miteinander und waren unzertrennlich. Das ständige Geben und Nehmen im ewigen Kreislauf des Lebens bestimmte das Bild ihrer Ehe.

Eines Tages gebar Königin Yin neun Kinder. Die Freude war sehr groß. Der König und die Königin merkten aber ganz schnell, dass sie ihre Kinder kaum voneinander unterscheiden konnten. Sie waren verzweifelt und riefen den großen Meister Chi zur Hilfe.

Der große Meister hatte wie immer eine einfache und pragmatische Lösung parat. Zuerst vergab er jedem Kind eine Nummer von 1 bis 9. Das war der Königin jedoch zu wenig, sie wollte, dass jedes Kind auch eine Eigenschaft in seinem Namen haben sollte. Also ordnete Meister Chi jedem Kind zusätzlich zu der Zahl auch eine Farbe zu, die ein Hinweis auf den grundlegenden Charakter des Kindes ist.

Zuerst kamen die bildhübschen Unschuldsengel 1, 6 und 8 an die Reihe. Sie bekamen die Farbe Weiß zugeteilt. Dabei urteilte der Meister wie folgt über sie:

„Die 1 ist der segensreiche Engel unter euch. Sie wird beim Lernen und Studieren berühmt und erfolgreich sein, sie glänzt mit ihrer Intelligenz. Wenn sie aber einen schlechten Tag hat, dann nimmt sie schnell und gerne Abschied, sorgt für Trennungen und Scheidungen. Sie isoliert sich und wird voller Angstzustände sein.

Die 6 zählt zu den vornehmen Gästen. Sie vertritt ihr Adelsgeschlecht mit großer Ehre. Alles was sie in die Hand nimmt, wird vom goldenen Erfolg gekrönt. In ihrer Gesellschaft fühlen sich Andere besonders wohl.

Bei schlechter Laune jedoch, reagiert sie ähnlich wie ihre Schwester. Sie wird depressiv, hat Kopfweh, versteht die Welt nicht mehr und versinkt in tiefer Traurigkeit.

Die 8 bringt Reichtum und Glück. Sie bleibt ihr Leben lang jung und fröhlich. Alle mögen sie, sie wird populär und reich. Ihre Schattenseite richtet sich leider gegen kleinere Kinder. Da sie immer jung bleiben will, erträgt sie es nicht, dass Kinder noch jünger und fröhlicher sind, als sie selbst. Deshalb verletzt sie Kinder und wird für sie zur Gefahr."

Die übrigen Kinder des Königspaares waren so unterschiedlich in ihren Charakteren, dass der Meister entschied, keine gemeinsamen Farben mehr zu vergeben. Lediglich die 3 und die 4 haben ähnliche Farbnuancen zugewiesen bekommen. Der Meister beschrieb die Kinder wie folgt:

„Die 3 wird Jade. Sie ist der kleine Tollpatsch in der Familie. Niemandem will sie böse sein, niemandem will sie wehtun, doch durch ihr Ungeschick sorgt sie öfter für Missgeschicke und manchmal auch für ein Unglück. Wenn sie etwas vorsichtig bleibt, dann kann sie auch für Reichtum und Überfluss sorgen. Neue Geschäfte anzubahnen, gelingt ihr besonders gut. Wenn sie jedoch gar nicht aufpasst, behindert sie sich selbst und auch andere. Sie wird missverstanden und streitet um ihr Recht. Ärger und Zorn, die sprichwörtliche Galle, steigen in ihr auf. „

Die 4 bekam die Farbe Grün. Der Meister nannte sie mit einem Augenzwinkern „schlau aber unanständig". Er sagte über sie: „Durch ihre Intelligenz und Reife wird sie sehr erfolgreich bei Prüfungen sein und ihre Weisheit wird berühmt werden. Eine große Dosis an Kreativität kommt hinzu. Nur mit der Moral und der Ehre nimmt sie es nicht so ernst. Als die älteste Tochter darf sie sich ihren Ehemann nicht auswählen. Wenn sie Pech hat, bekommt sie einen alten Langweiler. Wundert es dann, dass sie fremd geht und die Treue aufs Spiel setzt?"

Ein Kind fiel dem Meister Chi besonders auf. Es saß alleine da, suchte die Gesellschaft nicht. Wenn es aber um die eigenen Rechte ging, kämpfte es eisern und hart. Das war die 7. Als Kämpferin bekam sie die Farbe Rot. Für die 7 prophezeite der Meister eine Karriere in staatlichen Diensten, beim Militär oder überall dort, wo man hart kämpfen muss. „Mit ihrem Durchsetzungsvermögen kann sie erhebliche Reichtümer ansammeln. Aber Vorsicht ist geboten, wenn sie ihre Rechte nicht bekommt. Dann wird sie räuberisch und verletzend, macht auch vor Diebstahl nicht Halt. Ein einsames Ende im Gefängnis liegt dabei auf der Hand."

Das Gegenteil davon bildete das zweite Kind mit seinem fürsorglichen Wesen. Da es sich sehr zurücknahm und immer im Hintergrund wirkte, teilte der Meister ihm die schwarze Farbe zu. „Die Fürsorglichkeit der schwarzen 2 täuscht jedoch oft. Nur wenn sie im Mittelpunkt des Interesses steht, dient sie den Frauen und der Fruchtbarkeit. Sie kann dabei gut führen und für andere sorgen. Ohne die nötige Aufmerksamkeit handelt sie hinterlistig. Sie macht Probleme mit dem Bauch und sorgt für Kummer und Erschöpfung. Sie hat ein eher düsteres Gemüt."

Als nächstes kam das fünfte Kind. Der Meister urteilte: „Ein Kind der extremen Gegensätze ist die 5. Sie fühlt sich wie der Kaiser höchstpersönlich und bekommt deshalb als ihre Lieblingsfarbe das kaiserliche Gelb. Bei guter Laune ist sie die Beste, bei schlechter Laune wird sie jedoch zum wilden Teufel des Unglücks. Dadurch kann ihr Leben leider von Katastrophen und Unglücken begleitet werden."

Beinah hätte der Meister das neunte Kind völlig übersehen. „Die 9 ist ein neugieriger Kraftprotz, der sich immer zu den anderen Geschwistern gesellt. Jedes Mal rennt sie zu dem Kind hin, das gerade im Mittelpunkt steht. Weil sie dabei so kräftig und protzig wirkt, bekommt sie Purpur als Farbe. Sobald sie sich aber abseits befindet, wird sie zum streitsüchtigen Feuerteufel. Man sollte ihr in dieser Zeit am besten aus dem Weg gehen. Bei aller Sprunghaftigkeit darf man sie aber nicht zu ernst nehmen."

König Yang und Königin Yin waren mit der Beratung des Meisters Chi sehr zufrieden. So lebten sie mit ihren neun Kindern viele Jahre glücklich und harmonisch.

König Yang wurde älter und überlegte, ob er sich vielleicht zur Ruhe setzen sollte. Ein schöner Lebensabend an der Seite der Königin, das würde ihm gut gefallen. Das größte Problem war jedoch für ihn, die Macht unter den neun Kindern so aufzuteilen, dass weiterhin Frieden im Königreich herrschte. Er hatte sich mit Königin Yin lange darüber unterhalten, doch sie fanden keine vernünftige Lösung. Also entschlossen sie sich, wieder Meister Chi um Rat zu bitten.

Meister Chi freute sich über die erneute Einladung zum Königspalast. Er war schon neugierig, was aus den neun Kindern geworden war. Als er dort von dem anstehenden Problem hörte, bildeten sich einige Sorgenfalten auf seiner Stirn. Mit so einem komplexen Problem hatte er wahrhaftig nicht gerechnet. So zog er sich für mehrere Tage zurück und arbeitete an einer Lösung.

Was lernen wir aus dem Märchenabschnitt?

- Die Polaritäten (Yin und Yang) sowie die neun Charaktere (Sterne) beschreiben diverse Qualitäten der Lebensenergie (Chi).

- Diese Qualitäten unterliegen permanenter Wandlung. Ihre Eigenschaften ändern sich und sind der jeweiligen zeitlichen Situation anzupassen.

- Ein Stern wird immer mithilfe einer Zahl und einer Farbe beschrieben. Die Zahl entspricht der Nummer des Trigramms, das durch den Stern repräsentiert wird.

- Jeder Stern hat seine positiven und negativen Eigenschaften, die er entfalten kann. Die folgende Tabelle fasst die Eigenschaften der Sterne zusammen:

Stern	Positive Ausprägung	Negative Ausprägung	Bezug zu Organen und Krankheiten
1 weiß	Ruhm und Erfolg, gut für Studium und Lernen, intelligente männliche Nachkommen	Trennung, Scheidung, Abschiednehmen, Isolation	Nieren, Ohren, Blut, Blase, Angstzustände
2 schwarz	gut für Frauen, Fruchtbarkeit, Führungsqualitäten, Fürsorge	Fehlgeburten, Probleme im Bauchbereich, Sorgen, Kummer, Erschöpfung	Magen, Milz, Unterleib, Mund, Verdauung
3 jade	Reichtum und Überfluss, Geschäfte können gut etabliert werden, ältester Sohn bevorzugt	Behinderungen, Rechtsstreit, Missverständnisse, Ärger und Zorn	Leber, Galle, Augen, Füße, Krämpfe, Krankheiten der Atemwege
4 grün	Erfolg bei Prüfungen, Weisheit, älteste Tochter erfolgreich und vornehm, Kreativität	Fremdgehen, Ehebruch, Scheidung, Auseinandergehen	Leber, Galle, Augen, Gesäß, Waden, Erkältungen, Grippe
5 gelb	unerwarteter Erfolg und Profit, überraschende Wendungen zum Guten	Katastrophen, Tod, Rechtsstreit, Krankheiten	Magen, Verdauung, Milz, Krankheiten allgemein

6 weiß	gutes Allgemeinbefinden, Erfolg, Verdienst, herausragende Leistungen, steht für Autorität und Adel	Einsamkeit, Isolation, Verständnislosigkeit, Traurigkeit	Lungenkrankheiten, Kopfschmerzen, Dickdarm, Nase, Depressionen
7 rot	Reichtum und viele Kinder, gut für Staatsdienste, Durchsetzungsvermögen	Armut, Raub, Diebstahl, Gefängnis, Feuer, Verletzungen, Einsamkeit	Kopf, Lungen, Dickdarm, Nase, Depressionen
8 weiß	Popularität und Reichtum, besonders gut für junge Menschen	Verletzung und Gefahren bei kleineren Kindern, Sorgen	Hände, Finger, Rücken, Magen, Milz, Mund
9 purpur	Erfolg, Karriere, Aufstieg, viel Kraft und Kreativität, Wachstum	Feuergefahr, Streit, rechtliche Auseinander-setzungen, Entwicklungs-schwierigkeiten	Herz, Augen, Dünndarm, Zunge und Zähne, Hitzigkeit, nicht ernst sein können

Meister Chi erfindet die Zeitrechnung

Das Grübeln des Meisters Chi nahm sein Ende. Er fand eine Lösung zur gerechten Machtverteilung und präsentierte sie der königlichen Familie.

König Yang und Königin Yin warteten sehnsüchtig auf die Rückkehr des Meisters. Endlich kam er wieder. Unter dem Arm hielt er mehrere Papierrollen und diverse Bücher. Das sah nach sehr viel Arbeit und einer komplizierten Lösung aus.

Meister Chi legte los. „Die Grundlage meines Vorschlags", fing er geheimnisvoll an, „ist die Einführung einer Zeitrechnung. Das sei die Gewährleistung dafür", erklärte er mit ernster Stimme, „dass alle Kinder gerecht bei der Machtvergabe bedacht werden. Da sie als Königskinder unsterblich sind, darf die Zeitrechnung nie zu Ende gehen, sondern muss immer wieder von Neuem beginnen."

So begann er ab diesem Tag die Tage, Jahre und Jahrzehnte abzuzählen. Damit kein Kind sehr lange auf seine Herrschaft warten mußte, beschloss er, eine zwanzig Jahre andauernde Periode für die Regentschaft eines Königs einzuführen. Zuerst kam das Kind 1-weiß an den Thron, ihm folgte die 2-schwarz, dann die 3-jade und so weiter bis alle Kinder an der Reihe waren. Nach insgesamt einhundertachtzig Jahren begann der Zyklus der Regierung von vorne und die Königskinder bestiegen wieder der Reihe nach den Thron. Auf diese Art und Weise blieben alle Kinder gleichberechtigt. Im Königsreich kam dadurch auch keine Langeweile auf, wenn alle zwanzig Jahre ein anderer König das Sagen hatte.

Königin Yin und König Yang staunten nicht schlecht. Das war eine einfache und äußerst funktionstüchtige Lösung. Doch sie hatten noch weitere Fragen: „Weil doch nur ein Kind an der Macht sein kann, was werden dann die anderen in der Zeit machen? Wer hilft dem König bei seiner Arbeit?"

Meister Chi hatte sich während der Arbeit die gleichen Fragen gestellt. Er präsentierte nicht ohne Stolz seine Lösung.

„Das Kind, das gerade regiert, zeigt sich nur von seiner guten Seite. Seine Macht verleiht ihm Flügel und es wird immer voll Tatendrang sein, den anderen Gutes zu tun. Seine Güte wird so groß sein, dass es sogar die schlechte Laune seiner Geschwister bessern kann. Bei der Regierungs-Arbeit hilft ihm vor allem das Kind, das als nächstes an die Macht kommen wird. Es schaut gerne zu und lernt sehr viel über das Regieren. Der künftige Herrscher macht es gerne dem machtvollen König nach und wird ihm nie widersprechen. Er zeigt sich ebenfalls nur von der besten Seite.

Der übernächste Herrscher, also ein „Weitkünftiger" gesellt sich ebenfalls gerne zu den beiden. Da er noch sehr viel Zeit bis zum Regierungseintritt hat, sondiert er erst einmal gerne die Lage und wägt ab, ob es sich lohnt, bereits jetzt Gutes zu tun. Seine Kraft und Energie sind noch nicht sehr stark, er spart sie für später auf. Auf die Nerven will er aber niemandem gehen und so bleibt seine Schattenseite im Verborgenen."

Jeder Herrscher brauchte auch Freunde. Die besten Freunde lernt man oft in der frühen Kindheit kennen. Bei den Königskindern war es da ein wenig anders. Sie schlossen ihre Freundschaften bereits vor der Geburt. Bevor sie mit einem großen Knall auf die Welt kamen, haben sie ihre Bruderschaften ausgemacht. Wie es dazu kam, erzählt folgende alte Legende:

Als die Welt noch im Verborgenen lag, herrschte eine strenge und sehr stabile Ordnung, Ho Tu genannt, in allen Belangen des Lebens. Allem und jedem war ein fester Platz zugewiesen, der unter keinen Umständen verlassen werden durfte. So saßen auch die Sternenkinder in ihren kleinen Räumen und hatten kaum Kontakt miteinander gehabt. Ihre Räume waren so angeordnet, dass zwei Sternenkinder, die gegenüber gewohnt haben, sich in ihren Charaktereigenschaften exakt zu einer vollkommenen Einheit ergänzten. Einerseits war diese Anordnung sehr stabil und sicher, doch anderseits für die Kinder äußerst langweilig. Kein Rumtoben, keine Besuche bei Brüdern und Schwestern, keine Abwechslung im Spielen – das hält kein Kind längere Zeit aus. So kam es eines Tages zu einem richtigen Knall. Alle Kinder rissen aus ihren Räumen aus, ihre Energie brachte die Welt ins Rollen. Dabei entstand eine neue, dynamische und lebensbejahende Ordnung, Lo Shu genannt. Neugierig wie sie waren, suchten sie sich neue Räume. Klar, dass sich die Kinder vor allem mit den vorigen Eigentümern ihrer neuen Zimmer besonders gut anfreundeten.

Auf diese Art und Weise gewann jedes Kind zwei beste Freunde. Diese nahm nun das Kind, das mit dem Herrschen an der Reihe war, mit in die Regierung, denn gute Berater konnte man immer gut brauchen.

Ein Herrscher hatte selbstverständlich auch einen Vorgänger, der abgedankt hat und dessen Wartezeit auf die neue Herrschaft gerade wieder begann. Meister Chi urteilte über ihn: „Der vergangene Machthaber ist vor allem müde. Zwanzig Jahre zu regieren ist kein Pappenstiel und hat viel Kraft gekostet. Deshalb zieht er sich zurück und will nur in Ruhe gelassen werden. Man soll nicht mit ihm rechnen, weder bei guten, noch bei bösen Taten. Er regeneriert sich, um ab der nächsten Periode wieder seine Kraft zu zeigen."

Auch zu den restlichen Kindern äußerte der Meister seine Meinung: „So bleiben immer noch drei Kinder, die sich bereits vom Regieren erholt haben aber noch lange auf ihren neuen Einsatz warten müssen. Sie haben ganz gewaltige Langeweile. Dabei stänkern und jammern sie herum, machen blöde Scherze und legen den machtvollen Geschwistern gerne Steine in den Weg. Es ist eine Zeit, in der sie sich ausschließlich von ihrer Schattenseite zeigen. Es gibt keine Chance, etwas Gutes von ihnen zu erwarten."

Mit diesem Nachteil können aber die übrigen Geschwister und auch die königlichen Eltern gut leben. Ohne die Schattenseiten und einen

Gegenpol zum Guten hätten sie ihr wahres Glück gar nicht zu schätzen gewußt.

Die Lösung des Meisters Chi wurde von der königlichen Familie einstimmig angenommen. Der alte König und seine Frau zogen sich zurück, und wohnten fortan in der Ferienresidenz am Meer.

Das erste Kind, die 1-weiß bestieg den Thron und übte sich im Herrschen über das Land. Ihre Freunde unterstützten es dabei und mit den Spielverderbern wurde es auch fertig. Das System der wechselnden Regierung war so gut, dass es bis heute überdauert hat und ein Ende ist ehrlich gesagt nicht zu erwarten.

Was lernen wir aus dem Märchenabschnitt?

- Den „Fliegenden Sternen“ liegt eine zyklische Zeitaufteilung zugrunde.
- Eine sogenannte Periode dauert zwanzig Jahre, drei Perioden bilden eine Ära und drei Ären einen kompletten Zyklus von einhundertachtzig Jahren.
- Die einzelnen Perioden werden fortlaufend nummeriert, beginnend mit der 1. Der letzten Periode eines Zyklus wird die 9 zugeteilt.
- Der aktuelle Zyklus begann 1864 und dauert bis 2043 an.

Ära	Periode	Anfangsjahr (Periodenbeginn am 4. Februar)
Obere Ära	Erste Periode	1864
	Zweite Periode	1884
	Dritte Periode	1904
Mittlere Ära	Vierte Periode	1924
	Fünfte Periode	1944
	Sechste Periode	1964
Untere Ära	Siebente Periode	1984
	Achte Periode	2004
	Neunte Periode	2024

- Der Wechsel der Perioden erfolgt immer am 4. Februar. Es ist der Jahresbeginn nach dem chinesischen Kalender.
- Die Zahl der aktuellen Periode gibt vor, welcher Stern als „rechtzeitig“ gilt. An dem rechtzeitigen Stern orientiert sich die Zuordnung der übrigen Sterne.
  Aktuell dauert die 8. Periode an, also steht der Stern 8-weiß im Mittelpunkt.

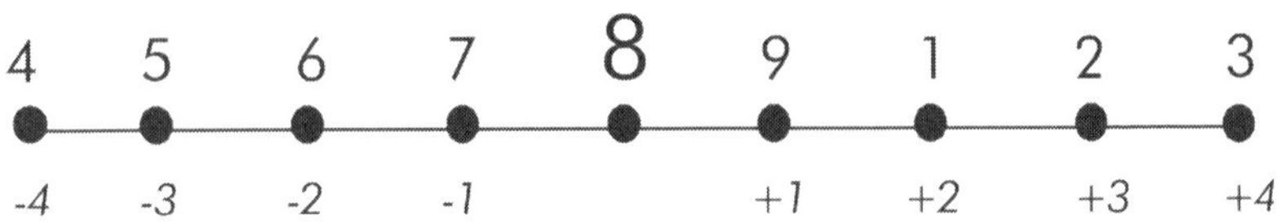

- Ob sich ein Stern von seiner günstigen oder ungünstigen Seite zeigt, hängt davon ab, wie weit er vom rechtzeitigen Stern entfernt liegt:

Stern	Bedeutung	Bewertung	In der aktuellen Periode ist das der Stern …
Stern = Periodenzahl	rechtzeitig	sehr günstig	8
rechtzeitig + 1	künftig	günstig	9
rechtzeitig + 2	weit-zukünftig	neutral bis günstig	1
rechtzeitig – 1	vergangen	neutral bis ungünstig	7
rechtzeitig – 2	lang-vergangen	eher ungünstig	6
übrigen (-3, +3, -4, +4)	nicht-rechtzeitig	ungünstig	2, 3, 4, 5

In der qualitativen Ausprägung bilden die „Freunde" des „Rechtzeitigen" Sterns, die auch „brauchbar" oder „benutzbar" genannt werden, eine Ausnahme. Sie zeigen sich ebenfalls nur von ihrer guten Seite und gelten als günstig. Welcher Stern als „brauchbar" gilt, wird anhand des Vergleichs zwischen Ho Tu und Lo Shu ermittelt:

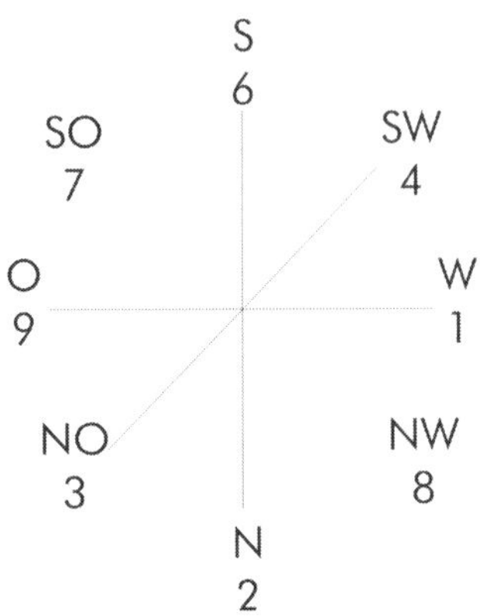

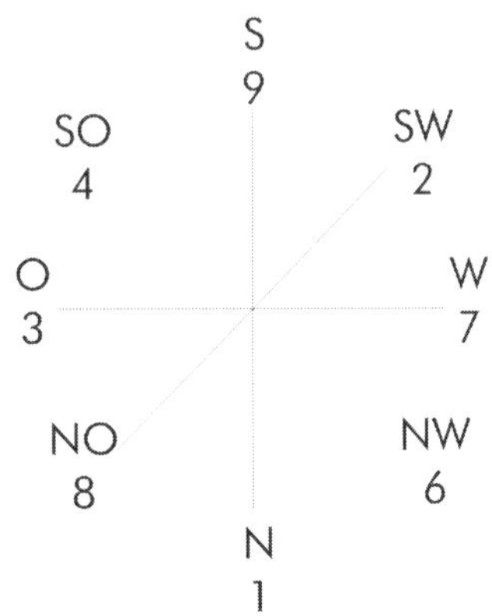

Ho Tu

Lo Shu

Himmelsrichtung	Ho Tu	Lo Shu
Osten	9	3
Südosten	7	4
Süden	6	9
Südwesten	4	2
Westen	1	7
Nordwesten	8	6
Norden	2	1
Nordosten	3	8
Mitte	5	5

Stern 9 ist befreundet mit den Sternen 3 und 6
Stern 7 ist befreundet mit den Sternen 4 und 1
Stern 6 ist befreundet mit den Sternen 9 und 8
Stern 4 ist befreundet mit den Sternen 2 und 7
Stern 1 ist befreundet mit den Sternen 7 und 2
Stern 8 ist befreundet mit den Sternen 6 und 3
Stern 2 ist befreundet mit den Sternen 1 und 4
Stern 3 ist befreundet mit den Sternen 8 und 9
Stern 5 ist sehr eingebildet und zuerst einmal nur mit sich selbst befreundet. Weil er aber ein Erde-Stern ist, sind ihm die beiden anderen Erde-Sterne (Nordosten, Südwesten) 2 und 8 am sympathischsten - und damit lässt er sie als Freunde gelten.

Die Sternlein suchen ein Zuhause

Die Lösung des Meisters brachte das Königreich einen großen Schritt weiter. Doch mit der Zeit wurde es den Sternen langweilig und sie fingen an, nach einem neuen Zuhause zu suchen. Dabei ging es zuerst ziemlich chaotisch zu.

Die neun Sterne gewöhnten sich inzwischen an den regelmäßigen Machtwechsel. Das Regieren wurde zur Routine. So hatten sie plötzlich Zeit, um neue Ideen und Wünsche zu entwickeln.

Ein sehnlicher Wunsch nach den eigenen vier Wänden zeichnete sich sehr deutlich ab. Jedem Stern ein eigenes Zuhause zu geben, diese Idee gefiel auch König Yang und Königin Yin, die sich inzwischen selbst in einer eigenen Residenz niedergelassen hatten. In ihrem früheren Haus hatten sie von Anfang an für jedes Kind ein eigenes Zimmer vorgesehen. Das war recht einfach zu planen, doch nun neun verschiedene Paläste zu bauen und dabei gleichzeitig allen Wünschen ihrer Kinder gerecht zu werden - diese Aufgabe überforderte die Eltern. Sie entschlossen sich, wie bereits mehrmals zuvor, ihren vertrauten Berater Meister Chi um Hilfe zu bitten.

So, als hätte er es bereits geahnt, besuchte er eines Tages aus eigenem Antrieb die königliche Familie. Die Kinder liefen stürmisch auf ihn zu und trugen völlig aufgeregt und alle gleichzeitig ihre Wünsche und Vorstellungen vor. Das war dem sonst so geduldigen Meister ein wenig zu viel. Es gelang ihm nur mit Mühe, die Kinder endlich zu beruhigen. Er versprach ihnen, eine für alle zufriedenstellende Lösung zu finden.

Zuerst sprach er mit jedem Kind allein, um so die einzelnen Wünsche und Vorstellungen zu erfahren. Bald stellte er fest, dass die Ideen der Kinder gar nicht so weit voneinander entfernt lagen. Deshalb schaffte er es, am Ende seiner Gespräche mit den Kindern, dem königlichen

Elternpaar eine Liste mit den gemeinsamen Wünschen zu präsentieren. Mit Stolz und Zufriedenheit in der Stimme las er das Ergebnis vor:

„Erstens, die Kinder wollen nicht weit voneinander entfernt wohnen. Jedes Kind möchte mehrere Geschwister als Nachbarn haben.
Zweitens, eine festgelegte Wohnung für immer behagt den Kindern nicht. Gerne würden sie im Laufe der Zeit auch die Paläste der Geschwister ausprobieren.
Drittens will jedes Kind mindestens zwei ständige Hausangestellte haben, die sich die Arbeit im Palast teilen."

König Yang und Königin Yin waren von der Übersichtlichkeit der Wünsche recht überrascht. Das änderte aber nichts an der Tatsache, dass eine Lösung des Problems noch nicht in Sicht war.

Meister Chi tastete sich an die Problemlösung heran. Schritt für Schritt überlegte er diverse Alternativen zu jedem Wunsch der Kinder.

Wenn alle nah beieinander wohnen wollten, dann wäre ein Reihenpalast günstig gewesen. Doch bei einem Reihenpalast hätte jedes Kind höchstens zwei Nachbarn. Das war zu wenig. In seinen Gedanken entstand so die Idee von einem großen, rechteckigen Palast-Komplex, der in je drei Paläste in der Länge und der Breite geteilt wurde. So bekam jedes Kind mehrere Nachbarn und alle waren nah zusammen. Diesen besonderen Komplex von Palästen nannte er „Bagua".

Nach welchem System sollten die Kinder nun ihre Wohnungen tauschen? Der begehrteste Palast lag in der Mitte des Bagua. Er trug den Namen „Kaiserlicher Palast", was in der Landessprache des Königsreichs „Tai Chi" hieß. In diesem Palast wohnte das Kind, das gerade an der Macht war. Die übrigen Paläste verteilte Meister Chi um ihn herum und verband sie über einen sternförmigen Zickzack-Weg miteinander.

Es blieb die Frage nach den Angestellten. Das Königreich war für seine Harmonie berühmt. Alle Aufgaben und Arbeiten, ja sogar alle Wünsche und Anliegen der Untertanen ließen sich in zwei Gruppen aufteilen, die sich gegenseitig ergänzten. Zum einen ging es um die Themen Wohlbefinden und Persönlichkeit. Das waren die so genannten „Ich bin“- Eigenschaften wie z.B. ‚ich bin gesund‘, ‚ich bin intelligent‘, ‚ich bin ängstlich‘, ‚ich bin traurig‘ usw. Die Patenschaft über diese Gruppe übernahm traditionsgemäß Königin Yin.

Zum anderen ging es um die Themen Geld und Wohlstand. Hier galt es, auf die Frage „was mache ich?“ zu antworten, z.B. ‚ich arbeite‘, ‚ich kämpfe‘, ‚ich liebe eine andere Person‘, ‚ich reise‘ usw. König Yang fühlte sich für diesen Bereich verantwortlich.

Jedes Sternenkind bekam zwei Angestellte. Ihre Namen leitete Meister Chi von der umgebenden Landschaft ab. Der ruhige, besonnene Angestellte für das Aufgabengebiet „Gesundheit“ bekam den Namen „Berg“. Sein aktiver Kollege hieß im Gegensatz dazu „Wasser“. In der Tradition der Namensgebung erhielten beide noch den Zusatz „-stern“. Die Charaktereigenschaften der Angestellten entsprachen genau den Persönlichkeitszügen der Sternenkinder. So gab es den Bergstern 1-weiß und den Wasserstern 1-weiß, den Bergstern 2-schwarz und den Wasserstern 2-schwarz; und so weiter für alle bediensteten Sterne.

Mit dem Vorschlag des Meisters waren fast alle zufrieden. Die Kinder beantragten aber noch eine Nachbesserung. Sie wollten ihre eigenen Angestellten nicht dauerhaft beschäftigen, sondern sie auch mit allen Geschwistern tauschen, so wie sie auch ihre Paläste und das Regieren des Königsreichs im Wechsel tauschten. Meister Chi schlug die Hände über dem Kopf zusammen. „Welche Raffinessen denken sich die Kinder noch aus“ – brummelte er in seinen Bart. Er bat die Königsfamilie um einige Tage Bedenkzeit und ging mit gerunzelter Stirn nach Hause.

Zu Hause, in der angenehmen Ruhe seines Arbeitszimmers kam ihm die Lösung sehr schnell in den Sinn. Die Angestellten sollten nach demselben Schema wie auch die Kinder die Paläste tauschen und hin und her wandern. Das war einfach, fast zu einfach für die schlauen Königskinder. Meister Chi sprach laut mit sich selbst: „Wenn alle nach dem selben Schema und im gleichen Tempo den Wechsel vollziehen würden, dann würde die Abwechslung in den Beziehungen zueinander zu kurz kommen. Deshalb muss ich einige Verfeinerungen in den Regeln vornehmen."

Bisher funktionierte das System der Machtteilung mit acht Himmelsrichtungen und der Mitte. Um die Angestellten gleichwertig zu bedenken, teilte er mit leichter Hand jede der acht Himmelsrichtungen in drei gleiche Abschnitte. Mit vierundzwanzig Richtungen zu rechnen war wahrlich eine königliche Aufgabe. Um keinen Denkfehler zu machen sprach Meister Chi seine Überlegungen laut aus, als wenn er sie jemanden hätte erklären müssen: „Die Angestellten wandern entweder in aufsteigender (Yang = vorwärts) oder in absteigender (Yin = rückwärts) Reihenfolge durch die Paläste. Wenn sie eine ungerade Zahl im Namen haben, dann wandern sie im ersten Abschnitt ihrer Himmelsrichtung aufsteigend und in den Abschnitten 2 und 3 absteigend. Die mit geraden Zahlen benannten Berg- und Wassersterne nehmen im ersten Abschnitt den Yin-Weg, also absteigend und in den beiden übrigen Abschnitten den Yang-Weg, d.h. aufsteigend."

Die Eigenart der 5 gelb zerbrach dem Meister noch den Kopf. Doch auch dass Problem war schnell gelöst. „Ihr Wanderweg richtet sich immer nach dem Herrscher, dem sie gerade dient. Bei geraden Herrscherzahlen verteilt sie sich Yin/Yang/Yang und bei ungeraden Yang/Yin/Yin."

Meister Chi lehnte sich sehr zufrieden zurück. Mit dieser Lösung hatte er sich selbst übertroffen. Sie hielt allen Herausforderungen stand.

Wirklich allen? Nach kurzer Überprüfung stellte er fest, dass noch eine Regel fehlte. Es war immer noch nicht klar, welche Angestellten dem jeweiligen Herrscher dienen sollten. Sein Kopf brummte und die Müdigkeit schränkte langsam sein Vorstellungsvermögen ein. Um sich zu entspannen, ging Meister Chi langsam in seiner Wohnung umher. Dabei merkte er, dass sich eine Seite der Wohnung ganz anders als die andere anfühlte. Er schaute aus dem Fenster zu dieser Seite. Na klar, vor dem Fenster verlief die Straße, von dieser Seite kamen die Besucher her, es war echt was los da draußen. Die gegenüberliegende Seite war viel ruhiger, deshalb hatte er ja auch dort sein Schlafzimmer eingerichtet. Er hielt kurz inne und plötzlich schrie er ganz laut ein befreiendes „Hurra“ heraus. Das war die Lösung: „Der für die Yang-Aktivitäten zuständige Angestellte kommt immer aus dem Palast der aktiven Seite und der ruhiger Yin-Helfer entspricht dem Bewohner der rückwärtigen, ruhigen Seite.“ Sehr mit sich und seiner Leistung zufriedener Meister Chi fiel todmüde und erschöpft ins Bett. Am nächsten Morgen wurde er im königlichen Palast erwartet.

Alles ging sehr schnell. Das königliche Ehepaar und die Kinder würdigten die raffinierte und unschlagbare Leistung des Meisters. Keine Fragen, keine Verbesserungen, alles war perfekt! Voller Ungeduld beugten sich die Kinder über den Bauplan der Paläste und fingen an zu rechnen. Die Köpfe rauchten, doch die Gesichter strahlten und die Augen glänzten, so wie das nur bei kleinen Kindern möglich ist.

Was lernen wir aus dem Märchenabschnitt?

- das Achteck = der Palast-Komplex = das Bagua
- ein Teilstück = ein Himmelsrichtungsbereich = ein Palast = der Wohnsitz eines Sternenkindes
- die Mitte = der mittlere Palast = der Punkt in der Mitte = der Sitz des gerade herrschenden Sterns

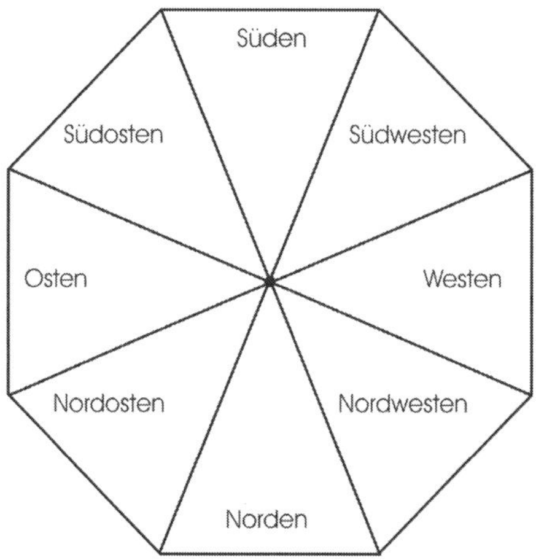

Eine Anmerkung für die Praxis:

Ein Grundriss wird für die Auswertung sternenförmig in acht gleiche Bereiche geteilt (wie Tortenstücke). So entsteht das sogenannte „Himmelsrichtungs-Bagua". Es berücksichtigt die natürliche, kreisförmige Ausbreitung der Energie, die von einem Mittelpunkt ausgeht und gleichmäßig in alle Richtungen erfolgt. Das energetische Diagramm dagegen stellt man in Form von neun rechteckigen Felder dar. Dies dient lediglich einer besseren und einfacheren Übersicht der Darstellung.

• Bei den „Fliegenden Sternen“ gilt die Aufteilung in neun Paläste entsprechend dem Lo Shu als Basis. Daraus ergibt sich der Weg für die Sterneverteilung:

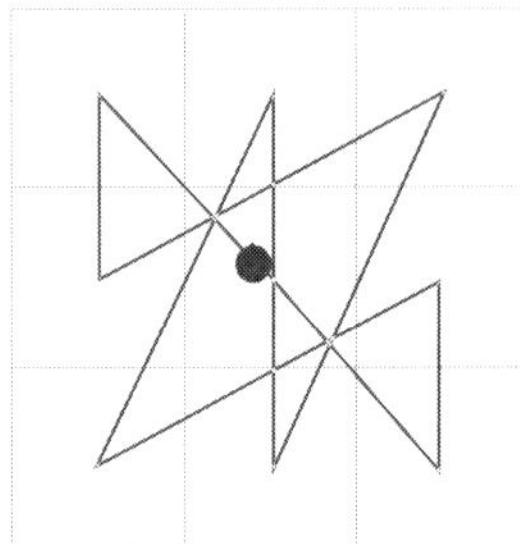

Das ist der Zick-Zack-Weg den die Sterne immer bei der Wanderung durch die Paläste nehmen.

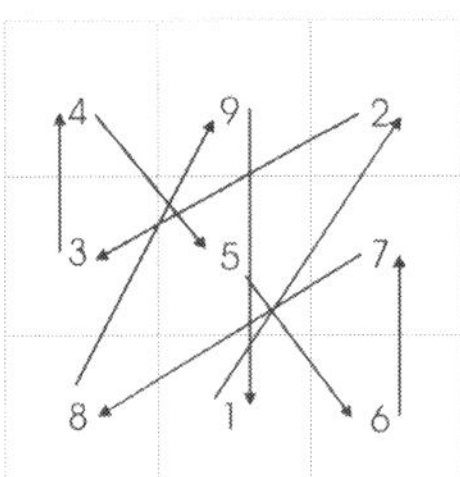

Der Weg der Sterne
in aufsteigender Reihenfolge (Yang = vorwärts):

Mitte → NW → W → NO → S → N → SW → O → SO
5 → 6 → 7 → 8 → 9 → 1 → 2 → 3 → 4

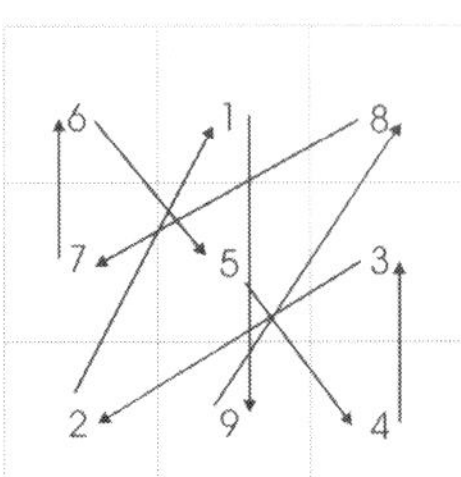

Der Weg der Sterne
in absteigender Reihenfolge (Yin = rückwärts):

Mitte → NW → W → NO → S → N → SW → O → SO
5 → 4 → 3 → 2 → 1 → 9 → 8 → 7 → 6

• Der rechtzeitige Stern in jeder Periode nimmt die Position in der Mitte ein und verteilt sich immer auf dem Yang-Weg (aufsteigend). Er wird Basis- oder Zeitstern genannt.

• Jedem Palast werden insgesamt drei Sterne zugeordnet. Zu dem Basisstern (auch Zeitstern genannt) kommen noch der Yin-Bergstern und der Yang-Wasserstern hinzu. Sie werden links (Bergstern) und rechts (Wasserstern) oberhalb des Basissterns aufgeschrieben.

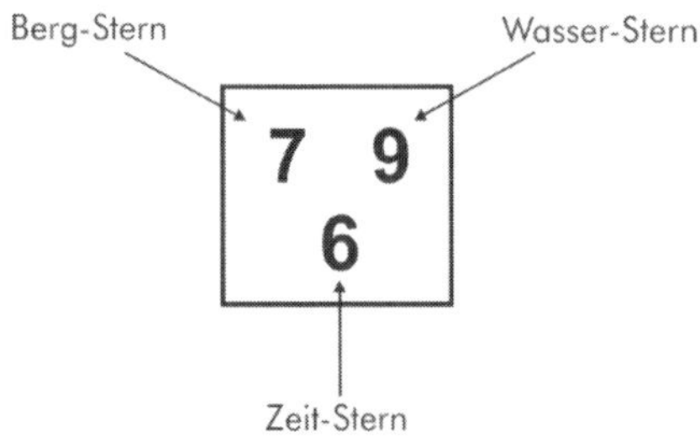

- Welcher Berg- und welcher Wasserstern in die Mitte kommen, entscheiden die Blickrichtung (andere Bezeichnungen: Frontseite, Vorne, Blick, Facing) und die ihr gegenüberliegende Sitzrichtung (andere Bezeichnungen: Rückseite, Hinten, Sitz, Sitting) des Objektes.

- Die Blickrichtung ist die Yang-Seite des Hauses. Generell kann Yang mit den Qualitäten wie Sonne, Wind, Bewegung, offene Aussicht definiert werden. Demnach wäre die Seite des Hauses mit den meisten Öffnungen die Blickrichtung. Tiefer in die Dinge schauend, ist hier nicht „dieses" Yang gemeint. Das Haus und das eigene Grundstück sind die „innere Welt", die individuell gestaltet werden kann. Es ist die Quelle, aus der ein Mensch die Kraft zur Stärkung des eigenen Chi schöpfe. Damit hat die „innere Welt" **Yin**-Charakter.

Die Umgebung des Hauses bzw. der Wohnung stellt die „äußere" Welt dar, die man kaum nach persönlichen Bedürfnissen gestalten kann. Hier wird man mit fremden Aktivitäten konfrontiert und ist auf Kontakte mit anderen angewiesen und damit also eindeutig „**Yang**" orientiert.

Die Seite des Hauses/der Wohnung (**Yin**-Welt), die den meisten Kontakt mit der aktiven, äußeren Welt (**Yang**-Welt) hat, ist die Blickrichtung. Damit ist es meistens die Seite zur aktivsten Straße.

Dazu empfehle ich folgende Vorgehensweise:

1. Zuerst die zur Straße gewandte Haus- bzw. Wohnungsseite bestimmen. Bei mehreren Straßen gilt die am meisten genutzte Straße als Blickrichtung.

2. Sind auf dieser Haus-/Wohnungsseite Öffnungen (Fenster, Türen), die in **Wohn**-Räume führen, vorhanden?

3. Wenn ja, dann gilt diese Seite als Blickrichtungsseite. Wenn nein, dann gilt meistens die Seite des Eingangs als Blickrichtung.

Eine große Ausnahme gibt es: Sobald natürliche, stark ausgeprägte Landschaftsformationen des Berges (Schildkröte) und des Wassers (Phönix) vorhanden sind, dann zählt die klassische Landschaftsschule und die Blickrichtung ist in Richtung des Wassers. Diese Ausnahme gilt z.B. für Häuser am Hang (exponierte Hanglage), die auf der einen Seite den Hügel haben (Bergseite) und auf der anderen Seite aufs Wasser oder in ein offenes Tal blicken, dann zählt die Talseite als Blickrichtung.

- Der Bergstern in der Mitte wird aus dem Zeit-(Basis-)Stern in der Sitzrichtung und der Wasserstern in der Mitte aus dem Zeit-(Basis-)Stern in der Blickrichtung gebildet. Ein Beispiel: Ein Haus der 8. Periode mit der Blickrichtung Osten (90°) und Sitzrichtung Westen (270°) ergibt folgende Situation:

7	3	5
Blick 6	1 6 8	Sitz 1
2	4	9

Der Zeitstern im Blickrichtungs-Palast 6 wird zum Wasserstern im mittleren Palast.

Der Zeitstern im Sitzrichtungs-Palast 1 wird zum Bergstern im mittleren Palast.

- Über den Verteilungsweg der beiden Sterne entscheidet der Abschnitt, in dem sich die gemessene Himmelsrichtung der Blick- bzw. Sitzrichtung befindet:

NORDEN	N1	N2	N3
337,5° - 22,5°	337,5° - 352,5°	352,5° - 7,5°	7,5° - 22,5°
NORDOSTEN	**NO1**	**NO2**	**NO3**
22,5° - 67,5°	22,5° - 37,5°	37,5° - 52,5°	52,5° - 67,5°
OSTEN	**O1**	**O2**	**O3**
67,5° - 112,5°	67,5° - 82,5°	82,5° - 97,5°	97,5° - 112,5°
SÜDOSTEN	**SO1**	**SO2**	**SO3**
112,5° - 157,5°	112,5° - 127,5°	127,5° - 142,5°	142,5° - 157,5°
SÜDEN	**S1**	**S2**	**S3**
157,5° - 202,5°	157,5° - 172,5°	172,5° - 187,5°	187,5° - 202,5°
SÜDWESTEN	**SW1**	**SW2**	**SW3**
202,5° - 247,5°	202,5° - 217,5°	217,5° - 232,5°	232,5° - 247,5°
WESTEN	**W1**	**W2**	**W3**
247,5° - 292,5°	247,5° - 262,5°	262,5° - 277,5°	277,5° - 292,5°
NORDWESTEN	**NW1**	**NW2**	**NW3**
292,5° - 337,5°	292,5° - 307,5°	307,5° - 322,5°	322,5° - 337,5°

Die Ausrichtung für das Haus in obigem Beispiel entspricht also dem 2. Abschnitt.

• Die Verteilung der Sterne:

Sterne	1. Abschnitt	2. Abschnitt	3. Abschnitt
1, 3, 7, 9	Yang	Yin	Yin
2, 4, 6, 8	Yin	Yang	Yang
5	Entsprechend dem Zeit-(Basis-)Stern		

Für das Beispiel bedeutet es:
Stern 1 : 2. Abschnitt = Yin
Stern 6 : 2. Abschnitt = Yang

2 5 7	6 1 3	4 3 5
3 4 6	**1 6 8**	8 8 1
7 9 2	5 2 4	9 7 9

• Der Bergstern ist ein Yin-Stern und verantwortlich für alle Aspekte, die mit der **Persönlichkeit** zu tun haben, also der Feststellung „**ich bin**“ entsprechen. Dazu zählen u.a. folgende Stichworte: Gesundheit, Wohlbefinden, Emotionen, Psyche, Charakter, körperliche Krankheitssymptome, Behinderungen, Gefühle, Intelligenz, Geist.

• Der Wasserstern ist ein Yang-Stern. Seine Zuständigkeit liegt in den **Aktivitäten** des Lebens und entspricht der Feststellung „**ich mache**“. Einige Stichworte dazu: Geld, Wohlstand, Beruf, Kontakte, zwischenmenschliche Beziehungen, Aktivitäten aller Art, Reisen, Lernen, Studieren, Kämpfen.

Das Glück der Angestellten

So als ob alle bisherigen Regelungen nicht ausgereicht hätten, sorgten die Herrscher durch ihr Tun für ein nicht unerhebliches Durcheinander. Dabei wollten sie doch nur ihre fleißigen Angestellten glücklich machen. Vor dem endgültigen Chaos konnte sie wieder einmal nur Meister Chi retten.

In den königlichen Palästen nahm das Leben seinen Lauf. Die Herrscher waren mit ihren tüchtigen Helfern, den Berg- und den Wassersternen äußerst zufrieden. Als gute Arbeitgeber kümmerten sie sich um das Wohl ihrer Angestellten. Dabei fanden sie heraus, dass die Berg- und Wasserangestellten unterschiedliche Vorlieben entwickelt haben. Die Bergsterne fühlten sich besonders wohl, wenn sie auf einen Hügel, eine Berglandschaft oder zumindest andere Häuser blicken konnten. Sie liebten Ruhe, Stabilität und freuten sich über Stütze und festen Halt. Die Wassersterne dagegen genossen die Bewegung. Wasser in allen erdenklichen Formen, ob als See, Teich, Brunnen oder der königliche Swimming-Pool, war ihr Element. Wo kein Wasser vorhanden war, begnügten sie sich auch schon einmal mit einer Strasse oder einem Weg. Hauptsache, sie konnten sich frei bewegen.

Deshalb überlegten die Herrscher - frei nach dem Motto: „Geht's den Angestellten gut, herrscht Glück im Haus" - wie sie die umgebende Landschaft hätten gezielt formen können, um den Angestellten Freude zu bereiten. Sie begannen also ziemlich unkoordiniert und jeder für sich, Berge und Wasser in der Landschaft zu errichten. Das endete nicht ganz überraschend im absoluten Chaos. Die Angestellten schauten immer skeptischer auf das Tun der Wohltäter, anstatt sich zu freuen. Als das Land schließlich flächendeckend mit Hügeln und Seen bedeckt war und die Herrscher erschöpft in ihren Palästen saßen, kam der alte Meister Chi vorbei, weil ihm die rege Bautätigkeit langsam, aber sicher auf die Nerven ging. Diesmal beschloss er, selbst, ohne dazu aufgefordert worden zu sein, neue Regeln aufzustellen.

„Die erste Regel ist denkbar einfach: einen Bergstern macht man mit einem Berg und einen Wasserstern mit Wasser glücklich. Aber Vorsicht! Bekommt ein gerade schlecht gelaunter Bergstern einen Berg zu sehen, dann festigt sich seine miese Laune noch mehr. Ein nervöser und gestresster Wasserstern kommt in Berührung mit Wasser noch mehr in Fahrt. Deshalb bekommen nur die gut gelaunten und freudigen Angestellten ihre Lieblingsformen zugeteilt."

Die mit Sicherheit bestgelauntesten und hilfsbereitesten Angestellten waren die des aktuellen Herrschers. Sie trugen seine Zahl in ihrem Namen. Deshalb sollten sie besonders bedacht werden. Dort, wo sie gerade dienten, sollte ihre Lieblingsform vorhanden sein. Meister Chi nannte die vier möglichen Varianten:

- „Wenn der herrschaftliche Bergangestellte im hinteren Palast dient, also im sogenannten ‚Sitzbereich', und der Wasserangestellte im vorderen, also im sogenannten ‚Blickbereich' seinen Pflichten nachgeht, dann ist die Welt in Ordnung. Vorne, vor dem Palast-Komplex wird Wasser und hinten ein Berg platziert.

- Tauschen aber die Angestellten ihre Arbeitsplätze miteinander, müssen auch die Formen ihre Lage wechseln, um ihnen zu folgen.

- Manchmal bleiben beide Angestellten unzertrennlich und dienen immer gemeinsam, entweder beide im vorderen oder beide im hinteren Palast. Dann errichtet man auch beide Landschaftsformen auf ihrer Seite des Palast-Komplexes."

Weil diese Regeln die Angestellten des Herrschers besonders bevorzugte, sollten sie auch nur während dessen Regierungsperiode gelten.

Diese sehr logische und recht einfache Regel reichte leider nicht aus, weil die Herrscher gerne mehrere Berge und Seen gehabt hätten.

Meister Chi überlegte weiter. Die Angestellten wanderten über alle Paläste. Das taten sie in auf– oder absteigender Reihenfolge, also vor- oder rückwärts. Je nachdem, in welcher Art sie also wanderten, hätte man doch auch vor oder hinter dem Palast-Komplex, Berge oder Wasser unterbringen können. So beschloss er folgende Regeln:

- „Wenn die Wasser-Angestellten sich rückwärts bewegen, aber die Berg-Angestellten dabei vorwärts laufen, dann soll vor dem Palast-Komplex ein Teich errichtet werden.

- Wenn sie die Richtungen wechseln und jetzt die Wasser- vorwärts, aber die Berg-Angestellten rückwärts wandern, dann hilft ein Berg hinter dem Palast-Komplex.

- Wandern alle Angestellten gemeinsam vorwärts, dann müssen zwei Landschaftsformen gebaut werden: ein Berg hinter und Wasser vor dem Palast-Komplex.

- Nur wenn alle Angestellten gemeinsam rückwärts laufen, dann haben sie so viel Spaß und eine solche Gaudi dabei, dass keine Belohnung mehr nötig ist, um sie glücklich zu machen."

Nachdem Meister Chi die Regeln vorgestellt hatte, hob sich die Laune der neun Herrscher. Aber so vollkommen zufrieden waren sie noch nicht. Gerne hätten sie noch mehr Unterstützungsmöglichkeiten gehabt, insbesondere für die gerade regierenden Sterne.

Der Meister versank tief in Gedanken. Doch plötzlich fiel sein Blick auf das kunstvoll an der Wand aufgemalte Lo Shu, das magische Quadrat. Das war doch der grundlegende Bauplan für alle herrschaftlichen Aktivitäten. Darin war doch auch für jeden der neun Herrscher eine eigens ihm zugeteilte Richtung festgelegt. Diese Richtung war ihm heilig. Genauso wichtig war ihm darüber hinaus die Richtung, in die er blickte, also die entgegengesetzte Richtung. Deshalb nannte der Meister diese beiden Richtungen heilig und zwar einmal für den Berg und einmal für das Wasser. In der heiligen Bergrichtung, also in der Heimatrichtung des jeweiligen Herrschers, sollte sich immer ein Berg und in der heiligen Wasserrichtung, also in die Richtung, in die er von seiner Heimatrichtung aus (über die Mitte hinweg) blickte, sollte sich immer eine Wasserform befinden.

An der Wand, neben dem Lo-Shu hing auch noch die Ho-Tu-Karte. Das war die Geburtsurkunde aller Sterne, die für alle Herrscher als Vorbild diente. Auch hier nahm jeder Stern einen eigenen Platz ein. Der Platz bzw. die Richtung war sehr kostbar für jeden Stern, weil sie seinen Platz im ursprünglichen Universum bedeutete. Diese Richtung, die mit Reichtum verbunden ist, sollte mit einer Wasserform gewürdigt werden.

„So, nun reicht es aber mit den Hügeln und den Teichen", sagte der Meister, „sonst wird die Baustelle nie zu Ruhe kommen."

Und so geschah es, dass ab diesem Tag kein Berg und kein See mehr zufällig entstand, sondern sie wurden von nun an nach allen Regeln der meisterlichen Kunst in der Umgebung des Hauses oder in der freien Natur untergebracht.

Die Bautrupps profitierten natürlich davon, weil in jeder neuen Herrschaftsperiode zumindest ein Teil der Berge und Seen zu versetzen waren. Das Glück in den Palästen offenbarte sich zusehends und die Angestellten lobten ihre Chefs. Die große Zufriedenheit im Königreich lenkte alle Beteiligten von neuen Ideen und Vorhaben ab. Doch die Ruhe erwies sich als trügerisch und dauerte nicht sehr lange an. Unter den Sternen gab es strategische Reibereien, die im Sinne des Friedens zu besänftigen waren. Dazu kam es aber erst in der nächsten Geschichte.

Was lernen wir aus dem Märchenabschnitt?

- Die Berg- und Wassersterne werden durch äußere Landschaftsformen stark beeinflusst.

- Bergsterne brauchen Halt und Stabilität, um ihre Wirkung voll entfalten zu können. Deshalb werden sie durch Berge (und durch stabile Wände) unterstützt.

- Wassersterne benötigen Freiraum und Öffnungen (z.B. Fenster) für ihre Bewegung und zur vollen Entfaltung ihrer Wirkung. Sie werden durch Wasserformen unterstützt.

- Insbesondere die rechtzeitigen Sterne reagieren sehr empfindlich auf die Formen der Landschaft. Dadurch lassen sie sich durch die richtigen Formen sehr gut aktivieren. Ungünstige Formen wirken sehr stark gegen die positive Wirkung der rechtzeitigen Sterne.

- Berg- und Wasserformen können echt oder nur form-ähnlich (auch virtuell genannt) sein. Echte Berge sind einfach Hügel, Landerhebungen, Berggipfel, Erdanhäufungen u.ä. Zu bergähnlichen Formen zählen Objekte und Strukturen, die sich oberhalb der Erdoberfläche befinden, also z.B. Bäume, Gebäude, Mauer, Hecken usw.

- Wasserformen gelten als „echt", wenn sie aus wirklichem Wasser bestehen, also z.B. Seen, Teiche (natürliche oder nachgebaute), Brunnen, Flüsse, Wasserfälle etc. Als form-ähnliches Wasser gelten freie, ebene Flächen, Straßen, Wege, Plätze, Felder o.ä.

Echte Landschaftsformen entfalten eine stärkere Wirkung und sind den form-ähnlichen Strukturen vorzuziehen.

Wo sich in der Landschaft die günstige Wirkung der Berg- und Wasserformen entfaltet, richtet sich nach diversen Regeln.

- Die Regeln der Positionierung vom rechtzeitigen Berg- und Wasserstern

Diese Regeln gelten nur bei Neubauten, und nur, solange die Bauperiode andauert. Nach dem nächsten Periodenwechsel verliert sie ihre Gültigkeit und Wirkung.

Sie tritt in einer der vier möglichen Varianten auf:

Regel	Rechtzeitiger Bergstern im Palast der...	Rechtzeitiger Wasserstern im Palast der...	Optimale Landschaftsformen
Richtige Positionierung (Wang Shan Wang Shui)	Sitzrichtung	Blickrichtung	Wasser vorne, Berg hinten
Umgekehrte Positionierung (Shang Shan Xia Shui)	Blickrichtung	Sitzrichtung	Berg vorne, Wasser hinten
Doppelter Blick (Xing Dao Xiang)	Blickrichtung	Blickrichtung	Wasser und Berg vorne
Doppelter Sitz (Xing Dao Zuo)	Sitzrichtung	Sitzrichtung	Wasser und Berg hinten

- Die Regeln des Weges vom Berg- und Wasserstern

Je nachdem, ob der Berg- bzw. Wasserstern sich vorwärts oder rückwärts von der Mitte aus über die Paläste verteilen, gilt folgende Unterstützung durch Landschaftsformen:

Weg des Bergsterns	Weg des Wassersterns	Optimale Landschaftsformen
vorwärts (Yang)	rückwärts (Yin)	Wasser vorne
vorwärts (Yang)	vorwärts (Yang)	Berg hinten, Wasser vorne
rückwärts (Yin)	vorwärts (Yang)	Berg hinten
rückwärts (Yin)	rückwärts (Yin)	ohne Bedeutung, sehr günstige Situation

• Die „Heiligen Richtungen“ (Ling shen)

Die Richtung der „Heiligen 1“ ist die Richtung, die der aktuell geltende Periodenstern im Lo Shu annimmt. Ihre positive Wirkung bezieht sich auf die Yin-Aspekte des Lebens und wird durch einen Berg in dieser Richtung unterstützt.

Die Richtung der „Heiligen 0“ ist die entgegengesetzte Richtung zu der Position, die der aktuell geltende Periodenstern im Lo Shu annimmt (also die Richtung, in die der aktuelle Periodenstern „blickt“). Sie gilt generell als ungünstig für alle Yang-Aspekte des Lebens, sofern sie nicht mit einer Wasserform unterstützt wird.

Periode	Heilige 1	Heilige 0
1	Norden	Süden
2	Südwesten	Nordosten
3	Osten	Westen
4	Südosten	Nordwesten
5	Erste 10 Perioden-Jahre Südwesten zweite 10 Perioden-Jahre Nordosten	Erste 10 Perioden-Jahre Nordosten zweite 10 Perioden-Jahre Südwesten
6	Nordwesten	Südosten
7	Westen	Osten
8	Nordosten	Südwesten
9	Süden	Norden

• Der sekundäre Wohlstandsbereich (Zhao Shen)

Die Richtung des sekundären Wohlstandsbereichs ergibt sich aus der Verbindung zwischen Ho-Tu und Lo-Shu. Es ist die Richtung, in der sich der rechtzeitige Stern (Periodenstern) im Ho-Tu befindet.

Sie gilt als günstig für wohlstandsbezogene Aspekte (Yang-Aspekte) und kann mit Wasser als Landschaftsform unterstützt werden. Ihre Wirkung ist eher impulsiv, das bedeutet, der „Reichtum“ kann schnell kommen aber auch genauso schnell wieder verloren gehen („wie gewonnen, so zerronnen“).

Periode	Der sekundäre Wohlstandsbereich
1	Nordwesten
2	Westen
3	Nordosten
4	Süden
5	Erste 10 Perioden-Jahre Westen zweite 10 Perioden-Jahre Osten
6	Norden
7	Südwesten
8	Osten
9	Südosten

Zusammen sind wir stark

Im Laufe der Zeit lernten sich die Sternlein und ihre Angestellten untereinander immer besser kennen. Dabei bildeten sich persönliche Zuneigungen und Differenzen aus. Es kam zur Bildung von Gruppen und Grüppchen und einige davon waren als Team einfach unschlagbar.

Meister Chi gehörte inzwischen zu den Stammgästen der königlichen Familie. Die Zeiten, als er erst auf eine Einladung warten musste, um die königlichen Kinder besuchen zu dürfen, waren längst vorbei. Dadurch blieb er stets auf dem Laufenden, wenn es um die Entwicklung der herrschaftlichen Verhältnisse und Vorlieben ging. So ist es ihm auch nicht entgangen, dass sich unter den Königskindern, den „Sternen" und ihren Angestellten bestimmte Grüppchen und Freundschaften entwickelten. Er war ein Meister des Denkens, und wollte unbedingt selbst herausfinden, warum bestimmte Sternen-Freundschaften als Team so stark und positiv zusammen wirkten. Also begann er die Klüngeleien intensiv zu beobachten. Dabei erkannte er, dass nur unter bestimmten Voraussetzungen die Wirkung dieser Teams zum Tragen kam.

Als erste, eindeutige Voraussetzung erkannte er, dass die Wirkung nur eintreten konnte, wenn sich in allen Palästen gleichzeitig gleichartige Gruppen bildeten.

Der Meister erkannte noch eine zweite Bedingung, denn nur wenn die landschaftlichen Formen die Arbeit der Berg- und Wasser-Angestellten unterstützten, hatten diese auch genug Kraft für ihre Taten gehabt.

Die Grundrissform der königlichen Residenz spielte ebenfalls eine Rolle. Alle Paläste mussten annähernd dieselbe Fläche bedecken, ansonsten war die Gleichberechtigung der einzelnen Gruppen nicht gewährleistet. Das hatte zur Folge, dass nur nahezu quadratische oder achteckige Grundrisse als Wirkungsstätte gedient haben.

Es gab zwei Arten von Gruppen. Die eine Art bestand immer aus 3 Teilnehmern, dem Königskind-Stern und seinen beiden Berg- und Wasserangestellten in einem Palast. Doch nicht jedes beliebige Trio konnte einfach zusammenkommen. Nur wenn jedes Mitglied dieser Gruppe eine andere Ära der Zeitrechnung repräsentierte, funktionierte die ganze Geschichte.

In der anderen Art der Gruppen bildeten nur jeweils zwei Mitglieder ein Team in jedem Palast. Jedes Mal war der sogenannte Zeitstern, das Königskind, dabei. Nahm dieses als Partner den Bergangestellten, dann sorgten sie zusammen dafür, dass alle Yin-Aspekte des Lebens wie Gesundheit, Emotionen, Talente in bester Ordnung waren. Bestand das Team aus dem Königskind-Stern und seinem Wasserangestellten, dann sicherten sie das Glück und den Wohlstand im Leben, also die Yang-Aspekte.

Was machte aber die „besonderen Pärchen“ so besonders? Hier half die Mathematik. Addierte der Meister die Zahlen im Namen der beiden, bekam er immer die Zahl 10 als Ergebnis. Dies war eine besondere Zahl, weil sie die vollkommene Vereinigung von Yin und Yang repräsentiert.

Meister Chi war von seiner Entdeckung so fasziniert, dass er beinahe noch eine weitere Gruppierungsmöglichkeit übersehen hätte. Ab und zu neigten die Angestellten dazu, besonders auf eine strenge Ordnung und Struktur zu achten. Sie gruppierten sich nicht mehr nur zufällig in einem Palast, sondern extra der Reihe nach, wie die Perlen auf einer Schnur. Dabei fing die Zählung der Perlen-Zahlenreihe entweder mit dem Bergangestellten an und wurde über das Königskind bis zum Wasserangestellten gezählt oder umgekehrt, man begann, bei dem Wasserangestellten die Reihe aufwärts zu zählen. Je nachdem, welcher der beiden Angestellten die Reihe anführte, sorgte die Gruppe entweder für gute Gesundheit oder für das liebe Geld. Da sich aber eine so strenge Ordnung nur schlecht über längere Zeit in Frieden fortsetzen ließ, hielten die günstigen Einflüsse leider nur eine Herrscherperiode lang. Kaum war die Periode vorbei, in der sich die Sterne so gruppierten, gab es schon wieder die üblichen Zankereien und schlechte Laune. Egal, zwanzig Jahre mit günstigen Bedingungen waren viel besser als gar nichts.

Meister Chi verkündete der königlichen Familie seine Entdeckung. Sie waren überrascht und begeistert zugleich. Ihre Gruppen bildeten sie immer intuitiv und ohne zu überlegen. Es grenzte an ein Wunder, dass sich dabei eine so klare Struktur herausbildete. Mit ernstem Gesichtsausdruck sprach Meister Chi zu ihnen: „Liebe Sternlein, vergesst nie, dass ihr die Kinder des Königs Yang und der Königin Yin seid. Wenn ihr in eurem Leben und in eurem Tun die Eltern gleichwertig achtet und eure Wurzeln nie vergesst, dann ist euch das Glück des Lebens gesichert."

Die weisen Worte des Meisters gaben gleichzeitig den Startschuss zu einer ausgelassenen Feier, die mehrere Monde andauerte.

Während der Feier nahmen zwei Sterne neben Meister Chi Platz. Er merkte, dass sie etwas auf dem Herzen hatten, bloß trauten sie sich nicht, ihn anzusprechen. Also ermutigte er sie und bekam folgende Geschichte zu hören:

Es ging um die Angestellten-Sterne 5 und 8, wobei die 8 im Namen aller Sterne kam, die in der jeweiligen Periode als Herrscher galten. Die Beiden erzählten, dass es für sie ganz schrecklich sei, im mittleren Palast zu dienen. Immer, wenn sie als Berg- oder Wasser-Angestellte in der Mitte tätig waren, passierten unschöne Dinge im Haus. Während sie ihre Yin-Aufgaben als Bergangestellte von der Mitte aus erledigten, kam meist Krankheit ins Haus oder das Wohlbefinden ließ generell zu Wünschen übrig. Wurden ihnen Yang-Aufgaben für Wasserangestellte zugeteilt, fingen die Sorgen um Geld oder Arbeit an. Das wollten sie jedoch nicht, sie wollten gute Diener sein.

Meister Chi tröstete sie: „Das Leben hat eben nicht nur sonnige Seiten", versuchte er beruhigend zu wirken. „Manchmal gibt es Situationen, die als wichtige Lebensaufgabe zu bewerkstelligen sind. Wenn es sich nun nicht verhindern lässt, dass die Yin- oder Yang-Aspekte des Lebens dadurch benachteiligt werden, weil sich die Angestellten des Sternes 5 oder des gerade aktuellen Herrschers der Periode im mittleren Palast eingesperrt fühlen, dann muss dafür gesorgt werden, dass die übrigen gut gelaunten Angestellten mit ihren Lieblingsformen in der Landschaft versorgt werden. Dadurch können sie kraftvoll wirken und die Nachteile zumindest teilweise wieder gut machen."

Diese Vorstellung beruhigte die beiden Angestellten ein wenig. Wirklich glücklich wirkten sie aber nicht. Das tat dem Meister leid und er dachte angestrengt nach, wie er die beiden wenigsten ein wenig aufmuntern könnte. Da fiel ihm ein Trick ein, den er jetzt ausprobieren wollte. Er versuchte folgendes:

„Wenn der Stern des aktuellen Herrschers als Wasserangestellter im mittleren Palast dient, dann fühlt er sich eingesperrt und braucht ein Lockmittel, um wieder „fliegen" zu können. Diesem Zweck dient echtes Wasser, das jeder herrschende Wasserstern besonders mag. Das Wasser wird in dem Palast platziert, in dem der Stern 5 als Wasserangestellte dient. Die Verbindung zwischen den beiden betroffenen Palästen muss jedoch offen bleiben. So können sich beide Sterne verbinden und gemeinsam das finanzielle Unglück unterbinden.

Etwas weniger gut, aber immer noch besser als gar nicht, wirkt die Regel, wenn die Verbindung zwischen der Mitte und allen anderen Palästen offen bleibt und das Wasser ebenfalls in die Mitte zum eingesperrten Wasserstern-Diener (des aktuellen Herrschers) hingestellt wird."

Die Regeln gefielen der 8, die diese Nachricht sofort an alle anderen Sterne weitergab, damit diese sich auf ihre Herrscherzeit noch besser vorbereiten konnten.

Der Stern 5 gelb saß aber immer noch traurig da. Gab es gar nichts, was seine Stimmung aufhellen konnte? Dem Meister stand nicht zu, eine seiner eigenen Regeln für ungültig zu erklären. Er durfte sie aber ein wenig relativieren. „Liebe 5 gelb", sprach er ganz leise, „was ich dir jetzt sage, bleibt garantiert unter uns, versprichst du mir das?" Ein sichtbares Nicken des Sterns reichte ihm als Antwort. „Also", fuhr er fort, „wenn du in der Mitte hockst, dann schaue wie sich die anderen Berg-Angestellten, wenn du selbst als Berg-Angestellter dienst oder die Wasser-Angestellten, wenn du selbst ein Wasser-Angestellter bist, verteilen. Sind sie vorwärts, also auf dem Yang-Weg unterwegs, dann wird es richtig übel. Laufen die anderen rückwärts, also auf dem Yin-Weg, dürfte der Schaden in akzeptablen Grenzen bleiben."

Die Worte des Meisters waren kein richtiger Trost für den Stern 5. Er fügte sich aber in sein Schicksal und hoffte, dass er so selten wie möglich im mittleren Palast dienen muss. Zum Abschied gab ihm Meister Chi noch folgende Botschaft auf den Weg: „Bitte alle um Verständnis für deine miese Lage, für die du selbst gar nichts kannst, und lasse dich auf keinen Fall ärgern!"

Die große Feier ging zu Ende. Alle waren erschöpft aber glücklich, weil sie dem harmonischen Königsreich wieder ein Stück näher gekommen waren.

Was lernen wir aus dem Märchenabschnitt?

- Eine Analyse nach den „Fliegenden Sternen“ berücksichtigt einige spezielle Regeln, die sich auf das energetische Diagramm des Objektes beziehen.

- Es gibt zwei besondere Regeln, die als äußerst glückverheißend gelten:

  - “Die Dreier-Kombination 2-5-8, 1-4-7, 3-6-9“ (Fu Mu San Gua) bedeutet, wenn die drei Sterne in allen Palästen ausschließlich die verschiedenen Kombinationen aus 1-4-7, 2-5-8 und 3-6-9 bilden, dann verfügt das Haus in allen Perioden über äußerst glückliche Einflüsse.

    Die besonders günstige Wirkung dieser Regel resultiert daraus, dass die drei Sterne in jedem Palast eine andere Ära (obere, mittlere, untere) repräsentieren. Sie wird deshalb auch die „Elternkombination“ genannt.

  - Die „10er Kombi“ tritt ein, wenn die Summe aus Zeit- und Bergstern oder Zeit- und Wasserstern in allen Palästen zehn beträgt. Die Summe zehn auf der Bergstern-Seite bedeutet vorteilhafte Einflüsse auf alle existentiellen Aspekte des Lebens (Gesundheit, Beziehung etc.). Auf der Wasserstern-Seite ist diese Summe von positiver Bedeutung für alle Wohlstandsaspekte.

    Die Erklärung der günstigen Wirkung dieser Regel leitet sich von der taoistischen Bedeutung der Zahlen ab. Im Ho Tu wird die Mitte mithilfe von fünf hellen (Yang) und fünf dunklen (Yin) Punkten dargestellt. Die Zahl 10 gilt als vollkommen, weil sie Yin und Yang zu gleichen Teilen (5 und 5) in sich trägt. Damit behält das Chi in jedem Palast seine vollkommene Art, die äußerst günstig wirkt.

- Damit die Regeln wirken können, müssen bestimmte Voraussetzungen erfüllt werden:
    - Der Objektgrundriss soll sehr regelmäßig, nahezu quadratisch sein, damit alle Paläste eine gleichgroße, räumliche Ausdehnung haben und keine Fehlbereiche vorhanden sind.
    - Die äußeren Landschaftsformen sollen den Weg des Berg- und des Wassersterns günstig unterstützen.
    - Je weniger diese beiden Voraussetzungen erfüllt sind, desto unwahrscheinlicher bleibt eine positive Wirkung der Regeln.
    - Sind die obigen Voraussetzungen erfüllt, dann sind Optimierungen ungünstiger Kombinationen nicht erforderlich. In der Gestaltung der Räume und der Umgebung ist lediglich darauf zu achten, dass die Auswahl der Gestaltungsmöglichkeiten (Formen, Farben, Materialien) die günstige Situation nicht schwächt.
- Als eine weitere, günstige Sternen-Struktur innerhalb der Paläste, kann die sogenannte „Perlenkette“ (Lin Chu San Pan Kua) vorkommen.

Sie ist gegeben, wenn die drei Sterne in jedem Palast eine direkte Zahlenreihenfolge (z.B. 1-2-3, 6-7-8 oder auch in absteigender Reihenfolge, z.B 6-5-4 etc.) bilden.

Ihre günstige Wirkung hält nur solange an, wie die Bauperiode andauert. Auch hier gilt, je gleichmäßiger und regelmäßiger der Grundriss und je idealer günstige Formen gegeben sind, umso wahrscheinlicher und stärker ist die Wirkung.

Wenn die aufsteigende Reihenfolge der Zahlen mit dem Bergstern beginnt, z.B. 1-2-3 oder 6-7-8, dann bedeutet es gute Gesundheit und Glück in den persönlichen Aspekten (Yin). Beginnt die aufsteigende Zahlenreihe mit dem Wasserstern, z.B. 8-7-6, 2-1-9, dann werden wohlstands- und aktivitätsbezogene Einflüsse begünstigt (Yang).

- Neben den günstigen Sternen-Konstellationen sind auch unvorteilhafte Anordnungen der Sterne zu berücksichtigen. Dazu zählen folgende Regeln:

    - Der „eingesperrte rechtzeitige Stern“ trifft zu, wenn sich der Stern der aktuellen Periode als Berg- oder Wasserstern im mittleren Palast befindet.

      Die ungünstige Wirkung auf alle Yin-Aspekte durch den eingesperrten rechtzeitigen Bergstern hat geringere Bedeutung bzw. Einfluss als der eingesperrte rechtzeitige Wasserstern auf die Yang-bezogenen Lebensaktivitäten.

      Um diese ungünstige Situation des Wassersterns zu optimieren, gibt es zwei Möglichkeiten:

        - Wenn eine offene Verbindung zwischen dem mittleren Palast und dem Palast mit dem Wasserstern 5 gelb besteht, dann sollte dort eine echte Wasserform (ein Zimmerspringbrunnen, ein Aquarium, eine Wasserschale o.ä.) positioniert werden.

        - Wenn die Mitte zu allen Palästen offene Verbindungen hat, dann sollte im Zentrum eine echte Wasserform (ein Zimmerspringbrunnen, ein Aquarium, eine Wasserschale o.ä.) platziert werden.

    - Der Stern 5 gelb im mittleren Palast bedeutet ebenfalls einen ungünstigen Einfluss - entweder auf die Gesundheit und das Wohlbefinden (Bergstern) oder auf Wohlstand und Aktivitäten (Wasserstern).

      Dabei sind zwei Varianten möglich:

        - Fan Yin, wenn die 5 rückwärts,

- Fu Yin, wenn die 5 vorwärts durch die Paläste fliegt.

Die Fu Yin Variante gilt als die ungünstigere der beiden. Wenn äußere Landschaftsformen den Weg der Sterne gut unterstützen, dann hält sich die negative Wirkung der Regel in Grenzen.

Zur Optimierung der Situation mit der 5 als Wasserstern in der Mitte kann versucht werden, die stärkste Kraft des rechtzeitigen Wassersterns in den mittleren Palast zu locken. Das gelingt nur, wenn sich der rechtzeitige Wasserstern in der Blickrichtung befindet und eine offene Verbindung zum Zentrum hat. Dann kann ein Wasserobjekt im Zentrum die Kraft des rechtzeitigen Sterns anlocken.

- Wenn eine der günstigen Regeln (die Dreier-Kombination oder die 10er-Kombi) zutrifft und sich entfalten kann, dann sind die ungünstigen Regeln des eingesperrten rechtzeitigen Sterns und der 5 in der Mitte zu vernachlässigen.

Wenn die 2 mit der 3 …

Viele Herrschaftszyklen sind vergangen. Alle Sternenkinder kamen bereits in den Genuss, über das Königsreich zu herrschen. Meister Chi war ein wenig älter und dabei noch weiser geworden. Weil er ohnehin fast ständig in der königlichen Residenz verweilte, und den Sternenkindern zu Rate stand, bot ihm die königliche Familie eine eigene Wohnung in der Königlichen Residenz an. Das Angebot nahm er dankend an.

Meister Chi bekam in jedem Palast der Königskinder ein Zimmer, um frei und ungehindert das Leben am Hof beobachten zu können. Weil das Leben der Sternenkinder und ihrer Angestellten inzwischen reibungslos und ohne nennenswerte Probleme verlief, konnte Meister Chi sehr viel Zeit mit der Beobachtung der Sterne und deren Zusammenwirken mit ihren Angestellten verbringen. Ihn interessierte vor allem, wie vielfältig die Aktivitäten und Wirkungsfelder der Wasser- und Bergangestellten waren. Es war ihm bewusst, dass die Art und Weise, wie sie Einfluss auf das Leben nahmen, sehr stark von ihrem Grundcharakter und ihrer zeitbedingten Laune abhängig waren. Je nachdem, wer mit wem und zu welchem Zeitpunkt zusammen war, kam es zu den unterschiedlichsten Lebenssituationen und Ereignissen. Zuerst glaubte er noch, er hätte diese Beobachtungen gut im Kopf behalten können, doch bald stellte er fest, dass es nahezu unmöglich war. Bei neun Sternen, die als Berg- oder Wasserangestellte tätig waren und dabei entweder die persönlichen Wesensmerkmale oder die Aktivitäten des Lebens in den Vordergrund stellten, ergaben sich einhundertzweiundsechzig Möglichkeiten in einer einzigen Herrschaftsperiode! Wollte er auch noch die neun möglichen Herrschaftsperioden berücksichtigen, käme er auf fast eineinhalbtausend möglicher Deutungskombinationen. Diese Menge im Kopf zu behalten, war sogar für Meister Chi zu viel. Also begann er, systematisch eine Art Tagebuch zu schreiben. Um dabei den Überblick nicht zu verlieren, ging er einfach akribisch und der Reihe nach alle möglichen Kombinationen aus Berg- und Wasser-Angestellten durch. Ab und zu lud er auch die Angestellten zu persönlichen Gesprächen ein und erfuhr dabei noch mehr interessante Hintergründe, warum sie gerade so oder anders gewirkt hatten.

Eines Tages, als er in aller Ruhe seine Notizen in Schönschrift schreiben wollte, wurde er zu einem Palast gerufen. Die Angestellten des Palastes stritten so heftig miteinander, dass sie von den anderen Angestellten nur noch als „Kämpfende Stiere" benannt wurden. Die gereizte Stimmung übertrug sich leider bereits auch auf andere Paläste und alle hofften auf eine schnelle, kreative und wirkungsvolle Lösung des Meisters Chi.

Er eilte auch sofort zu Hilfe. Zuerst schaute er, um welche Angestellten es sich überhaupt handelte. Es waren die 2 schwarz und die 3 jade. Interessanteweise brach der Streit unabhängig davon aus, welcher der beiden als Berg- oder Wasserangestellter diente. Auch die zeitliche Laune blieb ohne nennenswerte Auswirkung. Lediglich zu der Zeit, als der Stern 2 schwarz ohnehin Herrscher der Periode war und die 3 jade als künftiger Herrscher an den Thron wollte, gab es einigermaßen Ruhe im Palast.

Meister Chi wurde klar, dass er unbedingt ein intensives Gespräch mit den beiden führen musste. Doch bevor er sie rief, schaute er nochmals in seinen Aufzeichnungen nach, was er bisher über die beiden notiert hatte.

Da die Angestellten in ihren Charakteren immer dem entsprechenden Sternen-Kind sehr nah standen, konnte er den Berg- bzw. Wasserangestellten 2 schwarz direkt mit dem Stern 2 schwarz vergleichen. Zu jedem Stern hatte er eine Art Steckbrief angefertigt, in dem viele Eigenschaften und Entsprechungen notiert waren. Sie kamen einerseits durch Beobachtung des Meisters zustande und anderseits wurden sie bereits vor Jahrtausenden im „Buch der Wandlungen", dem „I Ging" beschrieben. Auf dieses weise Buch konnte sich Meister Chi immer verlassen, obwohl niemand wirklich wusste, wer sein Autor war.

So lies er in seinen Notizen: „Die 2 schwarz entspricht dem Trigramm Kun und seine Wandlungsphase ist „Erde". Im Familiebund repräsentiert die 2 die Mutter, die fürsorglich, hingebungsvoll und empfänglich wirkt. Gleichzeitig aber verteidigt sie die Interessen der Familie und ihre eigene, nach innen gerichtete Machtstellung.

Die 3 jade regt sich leicht auf. Ihr Trigramm Chen ist dem ältesten Sohn zugeordnet und kommt durch die Wandlungsphase „großes Holz“ zum Ausdruck. „Großes Holz“ - wie ein Baum - strebt stark nach oben, gibt kaum nach und hat nur seine eigenen Ziele vor Augen. Dabei versucht es die Erde unter seine Kontrolle zu bringen. Als ältester Sohn hat er in der Zukunft die Aufgabe, für die Familie zu sorgen. Deshalb ist es für ihn sehr wichtig, die Weichen dafür rechtzeitig zu stellen. Dass es dabei zum Krach mit der Mutter kommt, die sich um alle Kinder kümmert, liegt auf der Hand.“

Hier trafen zwei sehr starke Charaktere mit eigentlich entgegengesetzter Interessenslage aufeinander. Dabei schien eine hierarchische Unterordnung ausgeschlossen zu sein.

Meister Chi wusste also, woran es lag, dass die Beiden immer miteinander stritten und kämpften. Im persönlichen Gespräch mit den Beiden wollte er eine zufriedenstellende Lösung finden. Das Gespräch verlief aber anders als er es erwartet hatte. Die Sterne stritten unentwegt, so dass der Meister sie ständig beruhigen musste. Das versuchte er auf unterschiedliche Weise. Mal nahm er Wasser, um die 3 jade zu unterstützen, mal nahm er Erde, um die 2 zu stabilisieren, doch das alles half nicht wirklich. In seiner Verzweiflung fiel ihm ein Brauchtum aus fernen Ländern ein, das er auf seinen Reisen gesehen hatte. Die indianischen Völker im fernen Amerika rauchten bei angespannten Situationen oder zum Besiegeln einer Freundschaft eine Friedenspfeife. Leider hatte er gerade keine Pfeife zur Hand und so probierte er es einfach nur mit Feuer. Er zündete ein friedliches Feuerhäufchen an, legte einige Duftkräuter rein und lud die „Kämpfenden Stiere“ ein, sich dazu zu setzen. Sie stimmten zu und wie durch ein Wunder hörten sie mit dem Streit auf. Sie schauten in die Flammen hinein und es wurde ihnen ganz warm ums Herz. Warum also streiten? Ab sofort beschlossen sie, sich gemeinsam um das Feuer zu kümmern. Das machte ihre Beziehung harmonisch.

Meister Chi freute sich wie ein kleines Kind. Ab sofort empfahl er, alle Paläste, in denen die 2 schwarz mit der 3 jade zusammen dienten, mit viel „Feuer“ auszustatten. Wo kein echtes Feuer möglich war, sollte man Kerzen, Lampen, feurige Farben oder Formen als Abhilfe nehmen. Wenn die 2 schwarz auch noch schlecht gelaunt war, sollte darüber hinaus auch noch Metall dazu kommen, um sie nicht zu sehr zu stärken.

Dieses einfache und doch äußerst wirksame Rezept sorgte ab sofort für viel mehr Ruhe und Frieden im Königsreich. Meister Chi hat aus dieser Erfahrung viel gelernt und beschloss, für alle möglichen Kombinationen der Angestellten nach optimierenden Maßnahmen zu suchen. Er definierte sein Ziel so:

„Das Günstige stärken und das Ungünstige erträglicher machen“.

Vor dem Hintergrund der großen Menge an möglichen Verbindungen stand ihm nun viel Arbeit bevor.

Was lernen wir aus dem Märchenabschnitt?

- In jedem Palast bilden der Berg- und der Wasserstern eine sogenannte Sternenkombination, der eine bestimmte Bedeutung zugewiesen wird.

- Die Bedeutung der Sternenkombinationen leitet sich aus der Interpretation der acht Trigramme und ihrer Wechselwirkung untereinander ab. Was die Trigramme bedeuten und welche Eigenschaften sie repräsentieren, erklärt u.a. das „I Ging", genannt das „Buch der Wandlungen".

  Mehr über die einzelnen Sternenkombinationen erfahren Sie im nächsten Kapitel des Märchens.

- Die Wechselwirkung der beiden Sterne hängt von ihren Wandlungsphasen ab. Sie können sich gegenseitig stärken, schwächen oder kontrollieren. Die Wandlungsphase des Sterns entspricht seiner Zahl im Lo Shu:

  - 1 weiß = Wasser
  - 2 schwarz = Erde
  - 3 jade = (großes) Holz
  - 4 grün = (kleines) Holz
  - 5 gelb = Erde
  - 6 weiß = (großes) Metall
  - 7 rot = (kleines) Metall
  - 8 weiß = Erde
  - 9 purpur = Feuer

- Die Betrachtung und Auswertung einer Sternenkombination hat zum Ziel, ihre Wirkung zu optimieren. In welche Richtung optimiert wird, resultiert aus der Art der Wirkung dieser Kombination:

  - Ungünstige Einflüsse/Wirkungen werden geschwächt, indem die den ungünstigen Stern schwächende Wandlungsphase eingesetzt wird.

Alternativ kann auch die ungünstige Wirkung mithilfe der kontrollierenden Wandlungsphase unter Kontrolle gebracht werden.

- ◦ Günstige Einflüsse/Wirkungen werden gestärkt, indem die den günstigen Stern stärkende Wandlungsphase eingesetzt wird. Alternativ kann die günstige Wirkung mit derselben Wandlungsphase des günstigen Sterns stabilisiert werden.

- ◦ In bestimmten Kombinationen, bei denen die beiden beteiligten Sterne im Kontrollzyklus stehen, z.B. wie in der dargestellten 2-3, kann die harmonisierende Wandlungsphase notwendig sein. Im Beispiel der 2-3 bedeutet es:

  2 schwarz = Erde wird durch 3 jade = Holz kontrolliert. Dadurch entsteht der „Streit", der durch die harmonisierende Wandlungsphase, hier Feuer, geschlichtet wird. Feuer schlägt gewissermaßen eine „Brücke" zwischen den beiden Wandlungsphasen, die im Kontrollzyklus zueinander stehen.

  Durch Feuer wird aber gleichzeitig die 2 schwarz, die zu den ungünstigen Sternen zählt, gestärkt. Deshalb wird zusätzlich Metall empfohlen, um ihren ungünstigen Einfluss zu schwächen.

- Wie gut die benötigte Wandlungsphase optimieren kann, hängt von der Art, wie sie angewendet wird ab. Generell gilt, je natürlicher die Anwendungsform, umso stärker die Wirkung.

  Für die einzelnen Wandlungsphasen bedeutet es:

  Feuer als echtes Feuer, Sonnenlicht oder starke, künstliche Beleuchtung ist am wirksamsten. Formen und Farben wirken ebenfalls stark. Das der Wandlungsphase Feuer zugeordnete Material (Kunststoffe, Leder, Fell und andere Materialien tierischen Ursprungs) bleibt weitgehend wirkungslos.

Wasser wirkt am stärksten als echtes Wasser, in Form von landschaftlichen Formen wie Seen, Teichen, Flüssen o.ä., oder als Dekoration mit Wasserelementen, wie z.B. Springbrunnen, Zimmerbrunnen, Wasserschalen oder Aquarien. Alternativ wirken auch die der Wandlungsphase Wasser zugeordneten Farben und Formen. Material (Glas) kann nur unterstützende Wirkung ausüben.

Erde setzt man am besten als echte Erde (Sand, Stein, Lehm) oder über erdige Formen ein. Farben, insbesondere in Kombination mit Formen wirken hier ebenfalls sehr gut.

Holz wirkt am stärksten in Form von echten Pflanzen, am besten mit säulenartiger Wuchsform. Farben und Formen aus den Zuordnungen zur Wandlungsphase Holz haben auch eine gute Wirkung. Holz als Naturmaterial (Bretter, Baumaterial, Balken, Möbel etc.) reicht alleine nicht aus, weil es immer durch seine Farbe mit einer weiteren Wandlungsphase begleitet wird: z.B. Erde (bei naturbelassenem Holz) oder bei gestrichenem, gebeiztem oder ähnlich behandeltem Holz die zusätzliche Wandlungsphase der Farbe.

Metall wendet man gut als Klang oder runde Form an. Ein Beispiel wäre hier ein metallenes Klangspiel (nicht aus Kupferstäben!). Die Bewegung des Metall-Objektes verstärkt zusätzlich seine Wirkung. Echtes Metall wirkt stärker als nur Metall-Farben.

- Neben der Optimierung mithilfe der ausgleichenden, fördernden und besänftigenden Wandlungsphasen kann eine Sternenkombination auch noch durch Symbole und von außen durch Landschaftsformen beeinflusst werden. Die Wirkung von Bergen und Wasser wurde bereits beschrieben. Mit symbolischer Unterstützung beschäftig sich das Märchen später.

Zum Schluss des Kapitels noch eine sehr wichtige Anmerkung, die bei der Anwendung von „Fliegenden Sternen" stets zu beachten ist:

Durch eine gezielte Optimierung wird die Wirkung einer ungünstigen Sternenkombination nicht aufgehoben, sondern lediglich soweit beeinflusst, dass die davon betroffene Person mit der Situation besser und effektiver fertig wird. Je nach persönlicher Konstitution und psychischer Stärke des Bewohners sinkt so die Wahrscheinlichkeit, dass sich die ungünstige Wirkung entfalten kann.

Die Stärkung einer günstigen Wirkung ist keine Garantie für die Entfaltung ihrer Wirkung. In diesem Fall bedeutet eine Optimierung, dass die Raumsituation die betroffene Person in der Verwirklichung und Nutzung der jeweiligen Lebenssituation besonders stark fördert.

Die Nutzung von Feng Shui und damit auch der „Fliegenden Sterne" verändert nicht die Welt, sie macht sie erträglicher und öffnet auf eine subtile Art den Weg zu eigenen Entwicklungspotentialen.

Feng Shui ist wie das Wetter: es wirkt und beeinflusst uns, egal ob wir daran glauben oder nicht, es lässt sich auch nicht verändern oder abschaffen, wir können uns nur entsprechend anziehen und ausrüsten, damit uns schlechtes Wetter nicht so viel ausmacht. Gutes Wetter nutzen wir so, dass es uns gut tut.

Genau das passiert, wenn die „Fliegenden Sterne" optimiert werden.

Meister Chi und seine Schüler

Der Erfolg des Meisters Chi in der Schlichtung des Streits verbreitete sich wie ein Lauffeuer im gesamten Königreich. Die Möglichkeit bestimmte Lebenssituationen durch entsprechende Gestaltung der Paläste zu beeinflussen, zählte ab sofort zu den beliebtesten Gesprächsthemen. Viele „Möchtegern-Meister" erfanden immer wieder neue und oft sehr skurrile Methoden, um das Schicksal zum Guten zu wenden. Sie taten Meister Chi leid, weil sie nicht im Geringsten verstanden hatten, worum es wirklich ging. Meister Chi beschloss, die so entstandenen Missverständnisse und überzogenen Erwartungen ein für alle Male aufzuklären.

Ein Meister ist ein Lehrer und ein Lehrer ist dafür da, um sein Wissen an die Schüler weiter zu geben. Meister Chi erkannte für sich, dass seine Unsterblichkeit nicht ausreichte, um seine Lehre und sein Wissen auf der ganzen Welt bekannt zu machen. Es hätte unendlich lang gedauert, bis er persönlich jeden Winkel der Welt erreicht hätte, um seine Erkenntnisse anzuwenden. Er hätte nicht gleichzeitig an mehreren Orten wirken können. So entschied er, eigene Schüler in die Lehre zu nehmen. Eine gute Idee, fanden auch die Sternenkinder und ihre Eltern, König Yang und Königin Yin: „Wenn künftig mehrere Meister Gutes tun, dann wird die Welt glücklicher werden."

Ein Problem gab es dabei schon. Unsterblich war nur die königliche Familie mit ihren Angestellten und Meister Chi selbst. Jeder Schüler und damit potentieller Meister blieb, unabhängig von seinem Wissen, ein gewöhnlich Sterblicher. Deshalb hatte Meister Chi nicht sehr viel Zeit, um aus einem Jüngling einen Meister zu machen. Die Lehre mündlich zu überliefern und alleine durch Zuhören und Zuschauen sie den Schülern beizubringen, hätte viel zu lange gedauert. Gute Arbeitsmaterialien, welche die Lebenszeit der künftigen Meister überdauern und immer wieder weiter gereicht wurden, mussten her. Die Erfindung des Buches war im Königsreich bekannt, doch praktisch befasste sich damit noch niemand. Meister Chi verfügte bereits über seine Notizen, insbesondere über die Beobachtung der Zusammenarbeit zwischen den Berg- und Wasserangestellten. Die Aufgabe bestand also darin, aus den Notizen ein Nachschlagewerk für die Schüler zu schaffen. Die Deutung und Optimierung der einzelnen Aussagen sollten die Schüler weiterhin aus der praktischen Erfahrung lernen, indem sie dem Meister bei seiner Arbeit über die Schulter schauten.

Gesagt – getan, das Ergebnis finden Sie, liebe Leser in den nachfolgenden Kapiteln und als Anhang zum Märchen, damit auch Sie jederzeit das Wissen bequem nachschlagen können.

Es dauerte nicht lange bis sich die ersten Kandidaten beim Meister meldeten. Doch er nahm nicht jeden. Sie hatten bestimmte Voraussetzungen zu erfüllen und zu Beginn einen Eid zu leisten. Für Meister Chi war äußerst wichtig, dass seine Lehre nie gegen Menschen angewendet wird. Seine Schüler mussten ihm glaubhaft machen, dass sie reinen Herzens sind und schwören, dass sie stets jenseits auch nur der geringsten Betrugsgedanken ihre Arbeit verrichten werden. Ehrlichkeit, Aufrichtigkeit, Toleranz und Respekt vor der Natur galten als unabdingbar, um bei Meister Chi in die Lehre zu gehen.

Die Zeit verging und viele frischgebackene Meister verließen erfolgreich die Schule des Meisters Chi. Sie arbeiteten fleißig und verbreiteten das Wissen in der ganzen Welt.

Eines Tages besuchte ein aufgeweckter, junger Mann den Meister. Er hatte nicht unbedingt vor, sein Schüler zu werden, weil er aus einem fernen Land kam, in dem die Lehre eher belächelt wurde. Sein Name war Germa Ny . Sein Vater diente bei Meister Chi als Reiseleiter, als er noch selbst fremde Länder bereiste.

Germa, so sein Rufname, erfüllte bei weitem nicht alle Anforderungen des Meisters an seine Schüler. Er schlug sich bisher dank kleiner Betrügereien durchs Leben und auch die eine oder andere Schlägerei nach dem Genuss von zu viel Gerstensaft war ihm nicht fremd. Doch Meister Chi erkannte unter der bröckelnden Fassade das reine und aufrichtige Herz des jungen Mannes. Besonders gefiel ihm, dass Germa sehr kritisch und nicht vorbehaltlos seiner Lehre gegenüber stand. Das war schon fast eine Herausforderung für Meister Chi, dem Fremdling sein Wissen zu vermitteln. Herausforderungen zu meistern, zählte zu den Lieblingsaufgaben des Lehrers und so versuchte er Germa Ny als Schüler zu gewinnen. Germa blieb skeptisch, nahm aber das Angebot des Meisters unter einer Bedingung an. Er durfte ab sofort den Meister ständig begleiten und auch sehr unbequeme Fragen stellen. Meister Chi willigte ein und so begann eine der ungewöhnlichsten Freundschaften der Welt.

Meister Chi und Germa Ny trafen sich jeden Tag. Sie saßen nebeneinander im Schatten eines großen Baumes am See. Ihre Unterhaltung verlief sehr lebhaft. Man merkte, dass Meister Chi diesmal keine leichte Lehreraufgabe auf sich nahm. Zuerst versuchte der Meister seine eigene Sichtweise der Welt Germa zu vermitteln. Er erzählte ihm wie wichtig und unverzichtbar die Lebenskraft, das Chi ist. Dann führte er Germa in die Geheimnisse des unzertrennlichen Paares von Yin und Yang ein. Ab und zu las der Lehrer seinem Schüler aus dem „I Ging“ vor und brachte ihm so die Interpretation der Trigramme bei. Die Erklärung des Prinzips der fünf Wandlungsphasen dauerte sehr lange. Germa war bisher nur das zu glauben gewöhnt, was er gesehen hatte. Deshalb haftete seine Beobachtung zu sehr an der Materie, die er als beständige Substanz wahrnahm. Die Wandlung und gegenseitige Beeinflussung der Energie, aus der jeder materielle Zustand bestand, waren neu für ihn. Doch nach langen Diskussionen und kritischen Auseinandersetzungen mit Meister Chi begriff Germa, dass sein bisheriges Weltbild sehr unvollkommen war. Schließlich sind sie bei der Geschichte der Sternenkinder und ihrer Angestellten angekommen. Das Thema machte Germa besonders viel Spaß. Endlich kam etwas greifbares, berechenbares und direkt praktisch anwendbares. Selbstverständlich bekam Germa auch das bereits sehr bekannte Buch mit den Bedeutungen der Wechselwirkung zwischen den Berg- und Wasserangestellten zu lesen. Er verbrachte mehrere Tage und sogar Nächte mit dem Selbststudium des Werkes. Vieles war für ihn klar und verständlich, doch das Gefühl endlich verstanden zu haben, worum es wirklich ging und wie die Ergebnisse zustande kamen, stellte sich nicht ein. Seine Frust stieg an und die Motivation weiter zu lernen, war immer kleiner. Beinah war er soweit, die ganze Lehre über die Sterne als dummes Zeug abzutun und beiseite zu schieben. Meister Chi bemerkte den Prozess sehr wohl. Fast alle seine Schüler gingen durch diese Phase. Nur die fleißigsten und schlausten bissen sich durch. Alles in einem war es für Meister Chi eine „Zwischenprüfung" seiner Schüler. Germa Ny hielt durch.

Eines Morgens lud ihn Meister Chi wieder zu einem Gespräch unter dem Baum. "Lieber Germa," sagte er geheimnisvoll, „heute ist der Tag gekommen, an dem du mir alle deine Fragen stellen darfst. Du hast versucht alleine die Lehre zu begreifen. Das war eine nicht zu bewältigende Aufgabe. Ich bin stolz auf dich, dass du nicht aufgegeben hast. Jetzt steht das Tor zu meinem Wissen für dich offen. Es ist ein Baum voll reifer Früchte. Es liegt alleine an dir, die Früchte zu pflücken. Vergesse also nicht den Baum zu schütteln."

Nach diesen Worten füllte sich Germas Herz voll mit Stolz und gleichzeitig großer Hochachtung vor dem Meister. Er begriff, dass er sich jetzt selbst auf dem Meisterweg befand. Mit leicht zitternder Stimme antwortete er dem Meister: „Hochwürdiger Meister Chi, als ich vor vielen Monaten zu ihnen kam, hatte ich nicht vor ihre Lehre kennen zu lernen. Ich bildete mir ein, bereits alles zu wissen und das reichte mir aus, um ein Urteil zu bilden. Doch wie kurzsichtig war ich damals. Heute weiß ich viel mehr und doch habe ich das Gefühl erst mit dem kleinen Finger in das Meer ihrer Weisheit eingetaucht zu sein. Vor mir liegt ein weiter Weg und ich danke ihnen vom ganzen Herzen, dass ich ihn gehen darf."

Meister Chi war tief berührt. Um die kleine Träne der Rührung in seinem Auge zu verbergen, klopfte er Germa auf die Schulter und sagte: „Du bist mir schon ein Lausbub! Doch genug der Huldigungen, ran an die Arbeit. Heute fangen wir an meine Aufzeichnungen in dem Buch richtig anzuwenden."

„Einverstanden Meister, doch zuerst gehen wir wieder in den Palast und essen gemeinsam zu Mittag. Sie kennen mich doch, ein knurrender

Magen stört beim Studieren.“ Meister Chi lachte herzhaft und stimmte zu.

Was lernen wir aus dem Märchenabschnitt?

- Um die „Fliegenden Sterne“ wirklich begreifen zu können, ist eine intensive Auseinandersetzung mit der Materie unbedingt notwendig. Dabei helfen vor allem die Fähigkeiten analytisch zu denken und Zusammenhänge zu verknüpfen.

- Die im Anhang beigefügte Aufstellung der Sternenkombinationen ist als Nachschlagewerk gedacht. Es ist nicht notwendig die Bedeutungen auswendig zu lernen, weil man sie immer wieder nachschlagen kann. Viel wichtiger ist es, die Zusammenhänge zu verstehen, um die Tabelle korrekt zu benutzen.

- Die Arbeit mit dem Nachschlagewerk wird im nächsten Märchenabschnitt erläutert. Bitte versuchen Sie als Übung zuerst selbst, bevor Sie weiter lesen, das Konzept der Tabellendarstellung zu entschlüsseln und auf die Frage „wann wende ich welche Aussage an“ zu antworten.

Nichts ist ewig schlecht

Die Beziehung zwischen Meister Chi und seinem Schüler Germa Ny war geklärt. Ohne es nach außen zum Ausdruck bringen zu wollen, wussten beide Männer, dass ihre Verbindung viel mehr als die des Lehrers und seines Schülers ist. Sie verband eine noch junge, doch äußerst herzliche und ehrliche Freundschaft. Meister Chi stellte für sich fest, dass ihm eine Freundschaft seit langem gefehlt hat. Stets die Rolle des Meisters anzunehmen schmeichelte ihm zwar und sie brachte erhebliche Vorteile im Leben, doch sie machte auch einsam. Niemand traute sich bisher ihm zu widersprechen, niemand wagte ihm persönliche Fragen zu stellen und alles, was er sagte, wurde vorbehaltlos angenommen. Wenn er nur wollte, hätte er seine Machtstellung leicht ausnutzen und missbrauchen können. Doch diese Gedanken lagen ihm fern. Die Erfahrung , wie leicht er ein Guru hätte werden können, machte ihm Angst. Germa Ny tat ihm durch seine offene und skeptische Art einfach gut.

Nach dem Mittagessen trafen sich Meister Chi und Germa wieder an ihrem Lieblingsplatz. Germa hielt das Lehrbuch unter dem Arm und sein Gesichtsausdruck verriet eine große Vorfreude auf das anstehende Gespräch. In seinem Kopf schwirrten Tausend Fragen und es fiel ihm sehr schwer, die wichtigste Frage zu bestimmen. Dazu kam es nicht, da der Meister zu sprechen begann: „Germa, heute tauschen wir unsere Rollen. Du bist der Lehrer. Versuche bitte mir zu erklären, wie ich die Tabellen im Buch benutzen kann".

Mit dieser Wendung rechnete Germa gar nicht. „Wie soll ich meinem Meister etwas erklären? Das kann doch nur daneben gehen." Meister Chi schaute in die verdutzten Augen des Schülers und sagte: „Leg einfach los. Das schlimmste was dir passieren kann ist, dass ich dich verbessere oder korrigiere, und das bist du doch gewohnt."

„Also gut", fing Germa mit unsicherer Stimme an. „In den Tabellen haben wir alle möglichen Kombinationen aus zwei Sternen, wobei die Reihenfolge und Bedeutung, welcher Stern als Berg- oder Wasserstern gilt, unberücksichtigt bleibt. Deshalb ergeben sich nur 45 mögliche Kombinationen. Wenn Du eine Auswertung der neun Paläste machst, dann erhältst du in jedem Palast eine Kombination. Diese findest du in der ersten Spalte der Tabelle."

„Sehr gut Germa", unterbrache der Meister, „bisher habe ich alles verstanden. Was muss ich als nächstes machen?" Germa's Gesicht entspannte sich zusehends. Mit etwas ruhigerer Stimme fuhr er fort: „Als nächstes ist es wichtig zu entscheiden, wie die Wirkung der Kombination ist: günstig oder ungünstig. Das hängt davon ab, wie die beiden Angestellten gelaunt sind und wie sie von ihrem Grundcharakter wirken. Die gründlichen Charakterzüge haben wir schon besprochen und wie ihre Laune ist, das kannst du bestimmen, wenn du weißt, welcher Stern zur Zeit herrscht und wer seine Freunde sind. Daraus ergeben sich 3 Möglichkeiten:

- beide Angestellten sind gut drauf, dann werden sie nichts ungünstiges machen, also schaust du in den Spalten mit den günstigen Auswirkungen nach,

- beide Angestellten sind schlecht drauf, dann werden sie leider nichts Gutes bewirken, also schaust du in den Spalten mit den ungünstigen Auswirkungen nach,

- ein Angestellter ist gut und der anderer schlecht gelaunt, dann schaust du entweder in die günstige oder die ungünstige Spalte rein.

Ist es so klar genug für dich?"

„Nicht ganz, die ersten beiden Möglichkeiten sind kein Problem, doch die dritte ist mir nicht klar. Wann trifft welche Bedeutung zu?" Diese Frage befürchtete Germa, denn auch ihm war nicht klar, was ausschlaggebend für die günstige oder ungünstige Wirkung war. „Meister, ich will ehrlich sein, ich weiß es nicht. Bitte helfe mir auf die Sprünge" antwortete er direkt.

„Kein Problem Germa, ich habe nicht erwartet, dass du die Antwort weißt. Bitte überlege, ob beide Angestellter die selbe Funktion und Wichtigkeit in einem Palast haben."

„Nein", kam entschlossen als Antwort zurück, „je nachdem wie der Palast genutzt wird, hat entweder der Berg- oder der Wasserangestellte das Sagen. Yin-Paläste bevorzugen den Berg- und Yang-Paläste den Wasser-Angestellten." "Sehr gut", erwiderte der Meister, „gibt es noch weitere Bedingungen, die man beachten muss?" Diesmal dachte Germa etwas länger nach. Er erinnerte sich, dass es etwas mit den Öffnungen und Wänden in einem Palast zu tun hatte. Plötzlich fiel ihm wieder die Regel ein: „Ein Wasserangestellter kann in einem Yang-Palast nur die Oberhand gewinnen, wenn der Palast eine Öffnung nach draußen hat. Ansonsten ist er zu schwach, um die Chefrolle zu erfüllen. Ist es der Fall, dann übernimmt der Bergangestellte die Funktion des Bosses. In Yin-Palästen braucht der Bergangestellter guten Halt, um als Chef zu wirken. Dazu sind Wände und geschlossene Räume, keine offenen Raumbereiche notwendig. Gibt es zu wenig Halt und Stabilität, dann wird er zu instabil und kann nicht die führende Rolle übernehmen. Hier muss der Wasserangestellte ihn vertreten." Meister Chi schaute Germa mit zufriedenem Lächeln an. „Perfekt Germa, ich merke, du hast ehrlich und fleißig gelernt und bist imstande dein erworbenes Wissen zu verknüpfen. Das ist eine sehr wichtige Voraussetzung, um die Meisterschaft in unserem Fach zu erlangen. Also wir bestimmen in jedem Fall den Chef eines Palastes und können sagen, ob er gut oder schlecht gelaunt ist und damit günstige oder ungünstige Wirkung ausüben kann. Wo schaust du also nach, wenn in einer gemischten Kombination der Chef zu den schlechtgelaunten Miesepeter gehört?"

"Klar in den Spalten mit den ungünstigen Bedeutungen und dann auch noch entweder unter Berg- oder Wasserangestellten, je nachdem wer der Chef ist", antwortete Germa ohne weiter nachdenken zu müssen. „Jetzt verstehe ich das Ganze! Hurra, ich bin gut!" rief er erfreut und klopfte sich selbst auf die Schulter. „Ein Moment Germa", bremste ihn der Meister, „bist du dir sicher, dass die jeweils beschriebene Bedeutung immer mit der selben Wahrscheinlichkeit eintreten wird?"

“Gute Frage Meister, darüber habe ich mir noch gar keine Gedanken gemacht. Aber bitte sage es mir nicht gleich. Ich will versuchen selbst die Antwort zu finden“ antwortete ein vollmotivierter Germa. „Klar doch, ich freue mich, dass dein Forschergeist wieder erweckt ist und höre dir sehr gespannt zu“. Meister Chi setzte sich noch bequemer hin und wurde ganz Ohr.

„Also … wenn wir eine Kombination optimieren wollen, benutzen wir dazu die Wandlungsphasen. Sie regeln, wie stark oder schwach eine Wirkung zum Ausdruck kommen kann. Unabhängig von den Wandlungsphasen, die wir für die Einrichtung und Gestaltung der Paläste nehmen, ist eine Reihe von Wandlungsphasen, die sich aus der jeweiligen Situation ergeben, immer vorhanden. Auch sie müssen berücksichtigt werden. Meister, bin ich mit meinen Überlegungen auf dem richtigen Weg?“, fragte Germa etwas unschlüssig. „Absolut, mache einfach weiter. Ich werde dich schon stoppen, wenn du in eine verkehrte Richtung marschierst.“ Mit leuchtenden Augen fuhr Germa fort: „Die Wandlungsphasen, die wir immer zu berücksichtigen haben ergeben sich durch die Himmelsrichtung der Lage des Palastes, die Richtung der Öffnungen nach draußen, wenn welche vorhanden sind, und durch den zeitlichen Stern des Palastes. Allen voran wirkt aber die Wandlungsphase des anderen Angestellten, der im Palast tätig ist. Wenn also der Chef in einem Palast ein Miesepeter ist aber seine Wandlungsphase durch die Wandlungsphasen des anderen Angestellten, des zeitlichen Sterns und der anderen genannten Merkmaler geschwächt wird, dann ist die Durchsetzung seiner ungünstigen Wirkung eher unwahrscheinlich. Wird aber seine Wandlungsphase durch die anderen Wandlungsphasen gestärkt, dann kann man auch mit der ungünstigen Wirkung rechnen. Das selbe Prinzip gilt auch für die freundlich gelaunten Chefs einer gemischten Kombination. Ihre gute Taten sind umso wahrscheinlicher, je besser ihre eigene Wandlungsphase gestärkt wird. So kann jede beliebige Situation individuell betrachtet werden. Das erklärt auch, warum eben die möglichen Aussagen nicht immer zutreffen.“ Germa wirkte erlöst und zufrieden, als er seine Ausführung beendete.

„Eine äußerst kompetente und gut formulierte Ausführung“, bestätigte Meister Chi seine Leistung. „Ich hätte es nicht besser erklären können. Du hast dich nicht nur als Schüler, sondern auch als Lehrer bewiesen. Ich bin stolz auf dich“, sagte er und verbeugte sich anerkennend vor seinem Schüler. „Für heute machen wir Schluss. Wir haben uns beide einen erholsamen Abend verdient. Morgen schauen wir uns genauer an, wie die Angestellten in unserer heutigen Zeit gelaunt sind und welche Wirkungen wir von ihnen erwarten können.“

Schade, dachte Germa, seine Leistung motivierte ihn so stark, dass er am liebsten weiter gemacht hätte. Doch er wusste, das Yang des Tages zieht sich zurück, es war an der Zeit das Yin zuzulassen und seine erholsame Seite zu nutzen. So sammelte er seine Bücher und folgte Meister Chi in den Palast.

Was lernen wir aus dem Märchenabschnitt?

- Um zu entscheiden, ob eine Sternenkombination günstige oder ungünstige Wirkung ausübt, ist es notwendig, die Qualität der beiden Sterne zu bestimmen.

- Die Qualität wird durch den Grundcharakter des Sterns und den zeitlichen Aspekt der Rechtzeitigkeit bestimmt.

- Ein Stern gilt als günstig, wenn er rechtzeitig, künftig, weit künftig oder brauchbar ist. Je besser sein Grundcharakter ist, desto günstiger seine Gesamtwirkung.

- Ein Stern gilt als ungünstig, wenn er weit vergangen oder nicht rechtzeitig ist. Je schlechter sein Grundcharakter, umso ungünstiger seine Gesamtwirkung.

- Die Qualität des vergangenen Sterns bewegt sich im neutralen Bereich, ohne einen spezifischen Einfluss auszuüben. Tendenziell reagiert der vergangene Stern eher positiv, wenn sein Grundcharakter günstig ist bzw. eher negativ, wenn er vom Grundcharakter als ungünstig gilt.

- Insgesamt sind drei verschiedene Situationen möglich:

    - Eine Sternenkombination wird aus zwei günstigen Sternen gebildet und hat dadurch immer eine günstige Wirkung (es gelten die Spalten mit der Überschrift „günstige Wirkung").

    - Eine Sternenkombination wird aus zwei ungünstigen Sternen gebildet und hat dadurch immer eine ungünstige Wirkung (es gelten die Spalten mit der Überschrift „ungünstige Wirkung").

    - Eine Sternenkombination wird aus zwei qualitativ unterschiedlichen Sternen gebildet: Bergstern günstig, Wasserstern ungünstig/neutral oder Bergstern ungünstig/neutral, Wasserstern günstig. In diesem Fall entscheidet die Qualität des Hauptsterns, welche Wirkung (günstige oder ungünstige) möglich ist.

- Die Wahrscheinlichkeit, ob eine potenzielle Aussage/Tendenz einer Sternenkombination auftritt, wird mithilfe der Wechselwirkung der Wandlungsphasen bestimmt. Dabei wird untersucht, ob die Wandlungsphase des Hauptsterns gestärkt, geschwächt, stabilisiert oder kontrolliert wird:

    - Wird ein günstiger Hauptstern gestärkt oder stabilisiert, dann steigt die Wahrscheinlichkeit der günstigen Wirkung der Sternenkombination.

    - Wird ein günstiger Hauptstern geschwächt oder kontrolliert, dann sinkt die Wahrscheinlichkeit der günstigen Wirkung der Sternenkombination.

    - Wird ein ungünstiger/neutraler Hauptstern geschwächt oder kontrolliert, dann sinkt die Wahrscheinlichkeit der ungünstigen Wirkung der Sternenkombination.

    - Wird ein ungünstiger Hauptstern gestärkt oder stabilisiert, dann steigt die Wahrscheinlichkeit der ungünstigen Wirkung der Sternenkombination.

- Auf die Wandlungsphase des Hauptsterns wirken immer Wandlungsphasen folgender Merkmale:

    - des Nebensterns
    - des Zeitsterns
    - des Palastes

  und der Himmelsrichtungen der Öffnungen nach draußen (Fenster, Türen) falls vorhanden.

- Welcher Stern, Berg- oder Wasserstern, als Hauptstern gilt, hängt von zwei Faktoren ab:

  - der Raumbestimmung: Bergstern ist Hauptstern in Yin-Räumen (Schlafzimmer, Esszimmer, Bad/WC, Abstellräume, Gästezimmer je nach Nutzung) und Wasserstern ist Hauptstern in Yang-Räumen (Wohnzimmer, Küche, Eingang/Diele, Kinderzimmer, Arbeitszimmer)

  - dem Vorhandensein von Öffnungen nach draußen im Himmelsrichtungsbereich für den Wasserstern und von Wänden für den Bergstern.

- Nachdem die Wirkung einer Sternenkombination (günstig oder ungünstig) sowie der Hauptstern (Berg- oder Wasserstern) ermittelt sind, kann die Bedeutung der Sternenkombination in der entsprechenden Spalte nachgelesen werden. Mit der Interpretation der Bedeutung beschäftigt sich ein weiteres Kapitel des Buches.

Ein Sprung in die Gegenwart

In den nächsten Tagen übte Germa Ny sehr fleißig den Umgang mit den Deutungstabellen. Ab und zu stellte er noch Unklarheiten fest, die er sofort mit Meister Chi besprach. Trotzdem machte es ihm immer noch Schwierigkeiten, die Qualität der Sterne zu beurteilen. Alle 20 Jahre, sobald ein Wechsel der Herrscher erfolgte, mussten alle möglichen Kombinationen neu überdacht werden. Dies erforderte sehr viel Übung.

Im Königsreich der neun Sternenkinder gab es wieder mal den turnusmäßigen Wechsel des Herrschers. Wie immer war damit ein großes Fest verbunden. Das gesamte Königsreich feierte und dankte dem zurückgetretenen Herrscher für seine Dienste. Er selbst war ziemlich froh, dass die 20 Jahre seiner Herrschaft vorbei waren. Nun hatte er wieder Zeit, sich um eigene Dinge zu kümmern. Vor allem ist er müde geworden und wünschte sich sehnlichst in Ruhe gelassen zu werden. Ließ man ihm seine Ruhe, dann bekam man seine schlechte Laune nicht zu spüren. Ebenso wenig hätte man mit seiner Hilfe rechnen sollen. Dazu fehlte ihm die Kraft.

Der neue Herrscher, der an der Reihe war, freute sich auf die kommende Zeit. Endlich konnte er wieder Gutes tun und dem ganzen Volk dienen. Auf dieser Art waren alle zufrieden und hatten damit einen Grund, die Feier ein wenig auszudehnen.

Meister Chi und Germa Ny feierten ebenfalls. Nach zwei Tagen eines ausgelassenen Lebens merkte jedoch Germa, dass ihm etwas fehlte. Das Lernen ging ihm inzwischen so ins Blut über, dass er die täglichen Lehrgespräche mit seinem Meister nicht missen wollte.

„Meister," wandte sich Germa an Meister Chi, „könnten wir uns wieder etwas anderem als nur der Feier widmen? Auf die Dauer befriedigt mich das nicht, ich bin hungrig nach Wissen".

„Deine Einstellung freut mich sehr. Auch ich habe genug gefeiert und ziehe mich gerne zurück. Lasse uns einen ruhigen Platz finden. Ich habe sogar schon eine Aufgabe für dich“.

Einen ruhigen Platz zu finden erwies sich als sehr schwierig. In jedem Winkel des Königsreichs spielte Musik, die Menschen lachten und tanzten. Erst in einem abgelegenen Waldstück, unter einer alten Buche fanden beide Männer die richtige Stelle für sich. Sie genossen das Yin der Stille und die Geborgenheit des Waldes. Zuerst saßen sie nur da und suchten ihre innere Ruhe. Meister Chi saß aufrecht im Lotussitz, so wie er es bei seiner täglichen Meditation pflegte. Germa dagegen lehnte sich bequem an den Baumstamm und streckte beide Beine vor sich hin. Mit geschlossenen Augen versank auch er in der Ruhe. Er hatte bereits vom Meister gelernt, dass nicht die Art des Meditierens und nicht die Rituale der Ruhefindung wichtig sind, sondern es zähle nur das eigene Gefühl mit der Welt eins zu sein. „Der Erleuchtung ist es nämlich völlig egal, wie du sie erlangst“, sagte damals der Meister zu ihm. „Alles, jede Handlung, jede Stellung oder andere körperliche Verrenkung, zu denen du dich gezwungen fühlst, verhindern eher die Erleuchtung, statt sie zu fördern. Finde deinen eignen Weg zum inneren Gleichgewicht und dem Einssein mit der Welt und sie wird für dich richtig sein.“ Diese Sätze ermutigten Germa alle Einleitungen zu Meditationen und Ritualen, die er kannte in Frage zu stellen. Er begann selbst zu experimentieren und stellte dabei fest, dass er nichts besonderes brauchte, um in den Zustand der inneren Einheit zu wechseln. Es reichte für ihn aus, sich in seiner Lieblingsposition zu setzen, die Augen zu schließen und den Gedanken freien Lauf zu lassen. Genauso tat er es jetzt auch und sein Gesichtsausdruck verriet, dass es ihm einfach gut ging.

Die Sonne ging bereits unter als Meister Chi und Germa in das Hier und Jetzt zurückkehrten. Sie fühlten sich erholt und frisch. Genau richtig, um mit dem Lernen anzufangen.

„Meister, ich bin jetzt wieder fit genug, um zu lernen. Welche Aufgabe hast du für mich?“ fragte Germa sehr neugierig.

„Wir feiern gerade den Beginn einer neuen Periode. Versuche bitte bei allen Sternenkinder genau zu bewerten, wie ihre Laune ist und mit welcher Wirkung wir in den nächsten 20 Jahren zu rechnen haben." Die Aufgabe des Meisters war klar und auch sehr nützlich.

„Alles klar, ich mache eine Hitliste der Sterne. So kann ich bei jeder Betrachtung sofort erkennen, was zu erwarten ist. Die Arbeit lohnt sich, weil die Hitliste ganze 20 Jahre ihre Gültigkeit behält". Germa holte ein leeres Blatt Papier heraus und schrieb eine große „8" am oberen Rand der Seite.

„Wir haben gerade den Beginn der 8. Periode gefeiert, also ist der Stern 8 weiß unser Herrscher", begann er seine Ausführungen.

„Sehr gut Germa", fügte Meister hinzu, „damit hast du bereits den Anführer deiner Hitliste". Das moderne Wort klang aus dem Mund des Meisters recht ungewöhnlich, doch er hatte Spaß daran, die Denk- und Ausdrucksweise Germas zu imitieren.

„Genau, die 8 weiß ist der bestgelaunte Stern, der auch von seinem Grundcharakter zu den Engeln gehört. Etwas besseres kann uns doch kaum passieren, oder?"

„Ja, den Stern 8 weiß als Herrscher zu haben ist schon ein besonderes Glück. Er sorgt für Ruhm und Reichtum, insbesondere jungen Männern spendet er seine Unterstützung. Gleichzeitig aber erinnert er uns an unsere Wurzel, an die Quelle der allmorgendlichen Dämmerung, aus der die Sonne emporsteigt. Besinnung und die Findung der eigenen Kraftquelle stehen uns als Aufgabe bevor. Dank der Gutmütigkeit des Sterns, haben wir sehr gute Chancen die eigene Kraftquelle zu finden," ergänzte Meister Chi die Ausführungen.

„Nun ja, am Ende meiner Hitliste würde ich zwei Sterne setzen, die 2 schwarz und die 5 gelb. Beide sind sehr weit von ihrer Regierungszeit entfernt und ihr Grundcharakter lässt viel zu wünschen übrig. Du hast mir aber als Aufgabe gestellt, eine Reihenfolge aufzubauen. So muss ich mich entscheiden, welcher Stern von den beiden in den nächsten 20 Jahren am ungünstigsten sein wird. Das ist schwer …," Germa hörte mitten im Satz auf zu sprechen. Er versank in seinen Gedanken.

Meister Chi half ihm die richtige Antwort zu finden: „Überlege genau, beide haben schlechte Laune, aber welcher von den beiden hat den schwierigeren Charakter? Welcher will immer eine besondere Rolle spielen?"

„Ja, klar, dass ich nicht gleich drauf gekommen bin! Die 5 gelb spielt doch so gerne den Kaiser und wenn ihr das nicht gelingt, dann pinkelt sie gerne anderen ans Bein", fasste Germa zusammen.

„Was macht sie bitte? Deine Redewendungen sind für mich immer wieder ein Geheimnis," fragte Meister recht verunsichert.

„Nichts für ungut. So sagt man bei uns, wenn jemand gerne gegen andere vorgeht und absichtlich Schlechtes tut. Das passt schon zu der 5", beruhigte Germa seinen Meister. „Also", fuhr er fort, „die 5 gelb ist das Schlusslicht. Ihren Einfluss würde ich als eine Katastrophe auf der ganzen Linie bezeichnen. Man sollte sich mit ihr nicht begnügen und nach Möglichkeit strikt meiden. Wo sie auftritt, ist Metall als Hilfsmittel äußerst ratsam."

„Korrekt überlegt, Germa", meinte der Meister, „lasse mich die 2 schwarz einstufen. Sie ist ebenso schlecht gelaunt und außerdem ein krankmachender Bote. Ihr düsteres Gemüt schlägt wörtlich auf den Magen und alles, was mit dem Bauch zu tun hat, steht unter keinem guten Einfluss bei ihr. Deshalb sollten junge Frauen sie meiden, denn sie kann ihre Wünsche Mutter zu werden, sehr schnell durchkreuzen. Doch man sollte ihre Wirkung nicht nur wörtlich nehmen. Auch Kummer und Ärger schlagen und auf den Magen und Bauchbrummen bekommen wir oft, wenn schwierige Entscheidungen anstehen. Hat jemand etwas nicht verkraftet, sagen wir auch, er hätte es nicht verdaut. Daran kann die 2 schwarz schuld sein."

„Danke, Meister. Soweit habe ich noch gar nicht gedacht. Ich merke schon, mit der Interpretation der Deutungen müssen wir uns unbedingt noch beschäftigen. Dabei schwimme ich noch zu sehr“, stellte Germa fest.

„Ich nehme an, mit“ Schwimmen“ meinst du unsicher zu sein. Ist das auch wieder so ein Spruch bei euch?“ Der Blick des Meisters verriet, dass ihm die althergebrachte Sprache doch lieber wäre.

„Ja, ja, nur so ein Spruch … aber ein sehr zutreffender!“ Die Stimme Germas wurde immer lauter. „Schwimmen heißt, man kann die Richtung und Orientierung leicht verlieren. Deshalb ist es mit Unsicherheit verbunden. In deiner Philosophie, Meister, heißt Wasser durch das Trigramm Kan – abgründig und gefährlich, also alles andere als sicher. Unsere Welten sind viel enger verbunden, als wir es glauben.“

„Du hast Recht Germa. Ich freue mich, dass du zu dieser Erkenntnis gekommen bist. Solche Vergleiche wie eben, werden wir noch sehr oft finden. Sie erleichtern auch die Interpretation der Sternendeutungen. Also nur Mut, lasse deiner Phantasie freien Lauf und du wirst merken, wie sich der Faden der Deutungen von alleine spinnt. Aber zurück zu unserer Hitliste, wie du sie nennst. Top und Flop stehen bereits. Welchen Stern würdest du in die Mitte der Liste setzen? Bei welchem Stern haben wir nichts zu befürchten, wenn wir ihn in Ruhe lassen?“ Meister Chi nahm die Aufgabe wieder auf.

„Das ist ganz einfach. Der Herrscher, der gerade abdankte ist müde. Er will nur in Ruhe gelassen werden. Seine Absichten sind nicht böse, doch auf Gutes hat er keine Lust und auch keine Kraft mehr. Deshalb setze ich die 7 rot in die Mitte der Hitliste“, antwortete Germa stolz.

„Gut, du darfst nur nicht vergessen, dass er mit der Zeit immer schlechter gelaunt wird und deshalb neigt er bereits jetzt schon eher zu schlechten als zu guten Taten. Gehen wir jetzt zuerst zu der unteren Hälfte der Liste. Die 7 rot steht also in der Mitte, das Schlusslicht bilden die 2 schwarz und die 5 gelb. Welche Sterne setzt du noch dazu?“ fragte der Meister.

„Ich finde nur noch einen Stern, der schlecht gelaunt ist. Das ist die 4 grün. Für sie ist ein Platz zwischen der 7 und der 2 genau richtig. Ihre Laune ist zwar schlecht aber ihr Grundwesen lässt sich aushalten. Meinem Wissen nach dürfte sie in den nächsten 20 Jahren recht häufig Trennungen und Untreue begünstigen. Also Männer, gebt Acht, dass euch die Frauen nicht davon laufen“, scherzte Germa mit seiner Antwort.

„Untreue ist ein gutes Stichwort. Womit verbindest du Untreue, was bedeutet das Wort für dich?“

Die Frage überraschte Germa. Seine Gedanken rotierten. Zuerst bedeutete Untreue für ihn, eine Beziehung aufs Spiel zu setzen, wenn sich die Partner betrügen. Nach kurzer Überlegung fielen ihm aber auch noch andere Bedeutungen ein: „Untreue ist gleich mit einem Betrug zu setzen. Betrügen kann man sehr unterschiedlich, zum Beispiel im Glücksspiel, bei Geldanlagen, im Beruf oder beim Verkaufen von diversen Sachen. Auch Veruntreuen passt dazu, also wenn der Buchhalter mit der Kasse durchbrennt.“

„Ich merke, du bist heute zum Scherzen aufgelegt. Gut so, mit Humor geht alles leichter. Bist du der Meinung, dass man für Untreue immer mindestens zwei Personen braucht?“, hakte Meister Chi nach.

„Ja schon, einer der betrügt und der andere, der betrogen wird. Das sind mindestens zwei“, antwortete Germa. Doch noch während er sprach, ist ihm eine häufige Redewendung eingefallen. „Sich nicht zu trauen“, fügte er hinzu. „Wie oft habe ich es schon in meinem Leben gesagt, vor allem als ich Angst hatte. Das ist auch Untreue. Jetzt haben wir aber alle Bedeutungen gefunden, oder Meister?“

„Nein, noch eine fehlt aber du bist sehr nah dran“, ermutigte ihn Meister Chi.

„Hmmm, was könnte es sein?“, Germas Stirnfalten deuteten auf geistige Anstrengung hin. „Kann man sich selbst untreu sein? Ja klar, ich

Doofi, sicher doch. Wenn man nicht so lebt, wie man sich im Inneren fühlt, dann ist es doch klare Untreue gegen sich selbst. Liege ich damit richtig?"

„Ich gratuliere, du hast es erfasst. Genau diese Untreue gegen sich selbst nimmt durch den Druck der Gesellschaft, dem wir immer stärker ausgesetzt werden, deutlich zu. Viele Menschen trauen sich gar nicht sie selbst zu sein und spielen nur eine Rolle auf der Bühne des Lebens. Denke bitte daran und deute nicht jedem gleich einen Betrug und Liebschaften an", beendete Meister Chi scherzhaft das Thema.

„Wir sind aber noch nicht fertig für heute. Du hast noch vier Sterne zu verteilen. Ich schlage vor, wir gehen zurück zum Festplatz und stärken unseren Körper. Danach machen wir weiter".

Auch Germa merkte plötzlich, dass sein Magen seit längerer Zeit knurrte. Er begrüßte den Vorschlag des Meisters und folgte ihm zum Festplatz. Doch das Thema lies ihn nicht los. Noch während des Essens begann er wieder seine Hitliste gedanklich zu bearbeiten. Das bemerkte Meister Chi sofort. „Wie ich merke", sagte er, „kannst du dich auf das Essen ohnehin nicht konzentrieren. Bringen wir aber in Ruhe unser Mahl zu Ende und wenn du willst, bleiben wir gleich hier und besprechen beim Gläschen Wein deine Hitliste weiter".

„Danke Meister, ich weiß auch schon, wie es weiter geht", freute sich Germa wie ein kleines Kind. Nachdem der Tisch abgeräumt war und ein gutes Tröpfchen vor den Männer stand, begann Germa sofort seine Ausführungen:

„Ich mache es kurz, nach der 8 weiß kommt die 9 purpur, dann die 6 weiß, die 1 weiß und die 3 jade am Ende der Tops. Ist die Reihenfolge so richtig?"

„Langsam, ist dir der Wein bereits zum Kopf gestiegen? Das kam wie aus der Hüfte geschossen, nicht schlecht aber in einem Fall verkehrt." Die Antwort enttäuschte den motivierten Germa ein wenig.

„Meister, gib' mir bitte einen Tipp, welchen Stern ich falsch gesetzt habe. Ich habe mir die Reihenfolge zigfach überlegt und komme immer wieder zu dem selben Ergebnis."

„Nun gut, aber nur, weil es schon recht spät geworden ist", ließ sich der Meister erweichen. „Die Stellung der 9 ist klar. Sie als künftiger Herrscher nimmt direkt den Platz hinter der 8 ein. Dazu kommt noch, dass sie vom Grundcharakter sich gerne anderen anpasst. Um für sich eine rosige Zukunft zu sichern, passt sie sich dem Herrscher an und würde ihm nie widersprechen."

„Heißt es", unterbrach Germa, „dass die beiden zusammenarbeiten und damit ein unschlagbares Duo bilden? Ist das die beste Kombination in unserer Zeit?"

„Ja, so ist es," antwortete der Meister, „das ist der beste Einfluss, den wir in der aktuellen Herrscherzeit bekommen können."

„Interessant," Germa's Augen leuchteten neugierig, „und ich dachte eine Kombination aus zwei 8-er Angestellten wäre die allerbeste".

„Überlege, wenn der 8-Berg- und der 8-Wasser-Angestellte zusammen arbeiten, dann kann nur einer von beiden die wichtigere Aufgabe im Palast haben. So geht die gute Kraft des anderen verloren. Es ist eine geballte Ladung Gutes, von der wir aber nur die Hälfte wirklich nutzen können. Wenn sich aber die beiden in unterschiedlichen Palästen an die Arbeit machen und die Hauptrolle dort spielen, dann haben wir mehr davon. Deshalb bringt eine Zusammenarbeit der 8 mit der 9 mehr als zwei Achter zusammen". Meister Chi legte sehr großen Wert auf Klarheit und Logik der Regeln.

„Danke Meister, jetzt ist mir das klar. Es bleiben noch die 1, 6 und 3. Die 3 muss doch aber richtig am Ende der Tops liegen. Bitte sage, dass ich Recht habe", flehte Germa den Meister an.

„Sei beruhigt, Germa. Du hast Recht. Die 3 jade gehört nur deshalb zu den Tops, weil sie die Freundin der 8 ist. Sonst läge sie weit abgeschlagen unter den Flops. Die gute Laune verdankt sie nur der Verbindung zur 8. Das reicht gerade so aus, um zu den Guten zu gehören."

„Da bin ich aber froh. So kann ich also nur einen Fehler mit der 1 und 6 gemacht haben. Die 1 muss demnach direkt hinter der 9 liegen und die 6 ihr folgen," Germa sprach langsam, tief überlegend.

„Genauso ist es. Beide Sterne sind weiße Sterne und damit in ihrem Grundcharakter gleichwertig. Der Unterschied liegt nur daran, dass die 1 als der übernächste Herrscher aus eigener Kraft den Sprung zu den Tops geschafft hat. Die 6 hat noch sehr lange auf ihre Herrscherzeit zu warten. Sie folgte als Freundin der 8 und gelang so in die Tops. Du hast es geschafft", sagte der Meister schulterklopfend zu Germa. „Ich denke, wir haben uns den Feierabend recht verdient".

„Oh, ja, das war heute eine sehr wichtige Lektion für mich. Ich habe jetzt schon sehr viel gelernt. Kannst du mir verraten, was mir noch bevorsteht?"

Meister Chi lächelte geheimnisvoll. „Lasse dich überraschen. Du hast jetzt die Theorie studiert. Damit glaubst du viel zu wissen. Doch ich garantiere dir, sobald du vor einer selbständigen Aufgabe stehst, wird es dir so vorkommen, als wenn du nie etwas gelernt hast. Bereite dich darauf vor".

„Das ist aber schrecklich! Was mache ich dann? Du wirst nicht mehr bei mir sein. Wen kann ich dann fragen?" In Germas Stimme ließ sich die Panik nicht verbergen.

„Du bleibst noch eine Weile hier. Ich verspreche Dir, wir nutzen die Zeit, um dich bestmöglich vorzubereiten. Mehr verrate ich heute nicht. Willst du noch beim Fest bleiben? Ich gehe nach Hause. Man soll mit dem Feiern aufhören, wenn es am schönsten ist. So bleibt uns eine schöne Erinnerung fürs Leben".

„Du hast wie immer Recht. Ich komme mit und freue mich schon auf die nächsten Tage, wenn du dein Geheimnis lüften wirst“.

Der Himmel über dem Königsreich strahlte im sagenhaften Glanz von weit mehr als nur neun Sternen. Das Fest ging mit einem zauberhaften Feuerwerk zu Ende.

Was lernen wir aus dem Märchenabschnitt?

- Hier wurden die Sterne für die aktuelle 8. Periode qualitativ bewertet und eine Skala der Bewertung erstellt:

- Mithilfe der Skala und dem Wissen aus dem vorangegangenen Märchenabschnitt lässt sich die Qualität einer Sternenkombination (günstige/ungünstige Wirkung) bestimmen. Hier einige Beispiele:

  1-3: beide Sterne sind in der 8.Periode günstig, also gilt für die Sternenkombination der günstige Einfluss „gute Gesundheit", wenn Bergstern = Hauptstern bzw. „erfolgreiche Reisen, Wohlstand … ", wenn Wasserstern = Hauptstern (die Deutungen der Sternenkombinationen sind im Anhang aufgeführt)

2-4: beide Sterne sind in der 8. Periode ungünstig, also gilt hier der ungünstige Einfluss „Magen und Unterleibsprobleme“, wenn Hauptstern = Bergstern bzw. „Gefahr von Gewalt an Frauen … “, wenn Wasserstern = Hauptstern

4-6: eine gemischte Kombi aus einem in der 8. Periode günstigen Stern 6 und einem ungünstigen Stern 4. Folgende Interpretationsvarianten sind möglich:

Stern 4 als Hauptstern = ungünstige Wirkung der Kombi, d.h. „Probleme mit Oberschenkel … “, wenn 4 = Hauptstern als Bergstern bzw. „Beziehungsprobleme … “, wenn 4 = Hauptstern als Wasserstern

Stern 6 als Hauptstern = günstige Wirkung möglich, unspezifisch günstig für die Gesundheit, wenn 6 als Hauptstern/Bergstern bzw. „finanzielle Gewinne“, wenn 6 = Hauptstern/Wasserstern.

Die Wahrscheinlichkeit, dass die günstige bzw. ungünstige Wirkung eintritt, hängt von der Wechselwirkung der Wandlungsphasen (Nebenstern, Zeitstern, Palast, Öffnungen) ab, die auf den Hauptstern einwirken (siehe vorangegangenes Märchenabschnitt).

- Die Interpretation der Sternenkombinationen erfordert eine assoziative Verknüpfung mit möglichen Lebensthemen, Situationen und Empfindungen. Die dargestellten Deutungen sind keinesfalls nur wörtlich zu nehmen. Sie dienen als Metapher bzw. Sinnbilder. Mit der Interpretation wird sich noch das praktische Beispiel des Märchens beschäftigen.

Germa behauptet sich

Meister Chi und Germa Ny wuchsen zu einem Team zusammenn. Das Lernen und die tägliche Beratungsarbeit des Meisters verschmolzen miteinander. Germa erreichte dank seines Fleißes und dank seiner sehr skeptischen Einstellung, die alles hinterfragte, einen Wissenstand, der fast an die Leistung des Meisters heranreichte. Doch so ganz selbständig und ohne die Nähe des Meisters traute sich Germa dann doch noch nicht zu arbeiten …

Germa lernte fleißig und wagte sich schon mal an kleine Analysen und Betrachtungen diverser Wohn- und Lebenssituationen. Meister Chi ermutigte ihn dabei und stand ihm immer zur Hilfe. Eines Tages erreichte Germa eine Nachricht aus der Heimat. Ein Verwandter hatte vor, ein neues Haus zu bauen und bat Germa um Hilfe bei der Planung und Einrichtung des Domizils. Germa überlegte sehr lange, ob er den Auftrag annehmen sollte. Dabei plagten ihn immer wieder Zweifel, ob er wirklich schon so weit war, um bei einem so wichtigen Vorhaben konstruktiv mitwirken zu können. So fragte er Meister Chi um Rat.

„Meister, sage mir bitte ehrlich und offen deine Meinung: Bin ich in der Lehre so weit, dass ich andere Menschen alleine und in voller Verantwortung unterstützen kann?"

„Germa", antwortete der Meister mit ernstem Gesichtsausdruck, „als du vor wenigen Jahren an den Hof kamst, hatte ich kaum Hoffnung, dass du eines Tages auch nur oberflächlich meine Lehre verstehen würdest. Doch im Inneren habe ich immer gespürt, dass du würdig bist, in die hohe Kunst der Gestaltung von Lebensräumen eingewiesen zu werden. Deshalb habe ich keine Mühe gescheut, dir mein Wissen zu vermitteln. Seit einiger Zeit wird mir bewusst, dass du mein Meisterschüler geworden bist. Du hast dich selbst übertroffen und bist mit dem kostbaren Wissen zu einer untrennbaren Einheit verschmolzen. Es ist nun die Zeit gekommen, dass du selbständig und selbstbewusst deiner Arbeit nachgehst. Fahre in deine Heimat und stelle dich der Aufgabe. Du wirst mit ihr wachsen und den nächsten Schritt zur Meisterschaft gehen."

Germa fühlte sich geschmeichelt. Mit so viel Anerkennung hatte er wahrlich nicht gerechnet. Die Worte des Meisters motivierten ihn und er fühlte sich, als ob er wachsen würde. In diesem Augenblick hatte er seine Entscheidung getroffen.

„Danke, Meister", fing er mit zittriger Stimme an. „Ich mache mich auf die Reise, wenn du mir etwas versprichst".

Meister Chi hob den Zeigerfinger und unterbrach ihn energisch. „Halt, Germa, keine Bedingungen! Versuche nicht, deine Entscheidung von mir abhängig zu machen. Entweder bist du bereit oder du lässt die Finger davon. Ich bin nicht dein Kindermädchen". Er versuchte, streng zu klingen, doch ein Schmunzeln in seinem Gesicht verriet seine wahre Stimmung.

„Also gut", korrigierte sich Germa. „Kein Versprechen - aber eine Bitte, ein Strohhalm, wenn ich der Verzweiflung nahe komme."

„Das klingt schon besser. Du weißt doch, dass ich dich niemals im Stich lassen werde", mit diesem Satz gab Meister Chi seine strenge Haltung auf.

„Ich werde jeden Schritt der Analyse selbständig ausführen, und auch jeden Satz der Empfehlung sorgfältig nach meinem besten Wissen und Gewissen ausarbeiten. Das verspreche ich dir. Doch bevor ich meinen Verwandten das Ergebnis präsentieren werde, wünsche ich mir, mit dir meine Ausarbeitung durchsprechen zu können, um dem Ganzen den letzten Schliff zu geben. Bist du damit einverstanden?" Germa stellte die Frage, wobei er sich eine Ablehnung kaum vorstellen konnte.

„In Ordnung, ich werde dich unterstützen. Wir tauschen uns aus. Melde Dich, sobald du fertig bist. Und jetzt gehe, und bereite deine Reise vor. Alles Gute für dich." Mit diesen knappen Worten verabschiedete sich

Meister Chi von Germa. Lange Abschiedsrituale waren ohnehin nichts für ihn.

Germa Ny machte sich auf den Weg. In der Heimat angekommen, traute er seinen Augen und Ohren kaum. Die Lehre, die er so mühsam im fernen Land vom Meister persönlich empfing, hatte in seinem Land ebenfalls auf breiter Front Einzug gehalten. Doch als er sich die Veröffentlichungen näher anschaute und die vielen Bücher überflog, welche die Regale der Buchhändler füllten, verstand er die Welt nicht mehr. Sollte das, was er da wahrnahm, mit der ursprünglichen Lehre etwas zu tun haben? Davon musste er unbedingt seinem Meister berichten. Zunächst machte er sich jedoch an die Arbeit, denn seine Verwandten warteten schon auf ihn.

Sein Vetter Horst, der künftige Bauherr, empfing ihn mit offenen Armen: „Lieber Germa, wie schön dich zu sehen! Komm, lasse dich umarmen". Germa konnte überschwängliche Abschieds- und Begrüßungsrituale nicht leiden. Zu allem Überfluss wollte Vetter Horst, der bierselige Kettenraucher, ihn auch noch abknutschen. Das löste in Germa äußerstes Unbehagen aus. Eine energische Drehung zur Seite rettete ihn. „Grüß' dich, Horst, aber die Dame zuerst!", unterbrach er seinen Vetter und reichte Horsts Frau Gisela die Hand. Die beiden hatten nach einem ewig langen Hin und Her vor kurzer Zeit endlich geheiratet. „Ich freue mich, dich wieder zu sehen", antwortete Gisela mit ihrer zarten, fast schüchtern klingenden Stimme. „Bist du müde von der Reise? Sollen wir dich zuerst nach Hause fahren oder magst du sofort unseren Bauplatz sehen?", Gisela konnte ihre große Spannung und Neugier kaum verbergen.

Germa war ebenfalls äußerst neugierig, was für ein Grundstück ihn erwarten würde. Trotz seiner Müdigkeit beschloss er, direkt mit der Arbeit zu beginnen. So fuhren sie los. Der Weg führte sie an die Stadtgrenze in ein Neubaugebiet. Germa erinnerte sich, dass hier noch vor wenigen Jahren nur feuchte Wiesen standen. Als sie anhielten, zeigte Horst voller Stolz auf einen Bauwagen: „Dort entsteht unser Reich. Die Bautruppe beginnt morgen früh ihre Arbeit". Germa war ziemlich überrascht. Wenn die Bauarbeiten am nächsten Tag beginnen sollten, dann mussten die Baupläne längst fertig sein. Er war davon ausgegangen, dass er Horst und seiner Frau bei der Planung helfen sollte. Leicht verunsichert fragte er seinen Vetter: „Sag mal Horst, ich dachte wir wollten gemeinsam das Haus planen? Hast du die Pläne wohl schon fertig?".

„Ach ja, ich weiß, du hast mir gesagt, dass man bereits im Vorfeld bei der Planung viel berücksichtigen kann. Ich konnte aber nicht so lange warten. Vor kurzem habe ich ein tolles Geschäft mit einer Architektin gemacht und die hat mir ganz günstig die Pläne erstellt. Jetzt ist sie ins Ausland gefahren und die Pläne müssen so bleiben. Das wird aber schon gehen. Gisela und ich sind sehr zufrieden." Horst versuchte, sich aus der nicht gehaltenen Abmachung herauszureden.

Germa atmete tief durch und ließ sich seine Enttäuschung nicht anmerken. Typisch Horst, er hielt sich an Vereinbarungen nur solange, wie sie ihm in den Kram passten. Als Vermögensberater hatte ihn dieser Charakterzug schon so manchmal in Schwierigkeiten gebracht. Aber Horst landete bisher immer weich. Nun ja, so konnte Germa eben nicht mehr planen, sondern musste nur das Geplante analysieren. Vielleicht auch gar nicht so schlecht für den ersten selbständigen Auftrag.

Sie stiegen aus dem Auto und gingen zum Grundstück. Germa nahm seinen Kompass heraus und orientierte sich in der Umgebung. Horst und Gisela staunten nicht schlecht. So ein Ding hatten sie noch nie gesehen. Neugierig fragten sie Germa, was er denn da in der Hand habe. Germa erklärte ihnen: „die quadratische Platte in meinen Händen ist ein so genannter „Lo Pan". Das ist ein umfassendes Arbeitswerkzeug für Feng Shui Berater". Auf den metallisch glänzenden Scheiben konnten Horst und Gisela eine Unmenge von Eingravierungen und Symbolen erkennen.

Germa konzentrierte sich wieder auf das Baugrundstück. Die Straße an der einen Seite war bereits ausgebaut. Die restlichen drei Seiten des Grundstücks grenzten an andere Bauplätze, auf denen bereits rege Bautätigkeit herrschte. Der Garten sollte sich später hauptsächlich an zwei Seiten des Hauses erstrecken. Zum Eingang sollte nur ein schmaler

Fußweg durch das Grundstück führen. Germa machte einige Notizen und fertigte Skizzen der Umgebung an. Es fielen ihm keine landschaftlichen Besonderheiten auf. Da die Häuser rundherum alle noch nicht standen, spielten gestalterische Elemente der Gärten, wie z.B. Teiche oder Hügel, noch keine Rolle. Die Bedeutung der Straße war für Germa hingegen eindeutig. Er stellte sich an die Bordsteinkante und maß die Himmelsrichtung. Das Ergebnis 80° bedeutete Osten und war somit auch die künftige Blickrichtung des Hauses.

Dunkle Wolken brauten sich am Himmel zusammen. Germa und seine Begleiter beschlossen, alles Weitere lieber in Horsts Wohnung zu besprechen.

Auf dem Wohnzimmertisch lag bereits der Plan ausgebreitet. Germa warf einen ersten Blick drauf. Alles auf einer Ebene, was für ein Glück! So standen die Chancen gut, schnell fertig zu werden.

„Und, was sagst du zu unserem Bungalow?" In Horsts Kopf war das Haus bereits fertig. Gisela mischte sich ein: „Aber Horst, wie soll denn Germa so schnell etwas sagen können? Er muss doch zuerst alles mit dem Bagua auswerten, das habe ich doch im Buch gelesen. Germa, komm, setzt dich hin und ich koche uns zuerst einen frischen Kaffee. Oder trinkst du jetzt nur noch Tee?"

Ohne Gisela zu widersprechen, nickte Germa nur mit dem Kopf. Es war ihm völlig egal, ob er Tee oder Kaffee bekommen würde. Gisela schien ja echt belesen zu sein, dachte Germa. Das Problem an der Geschichte war, dass sich Gisela ihre Kenntnisse aus dem recht bunten Angebot geholt hatte, das Germa selbst in den Buchhandlungen zu Gesicht bekam.

Nachdem nun der Kaffee in den Tassen dampfte und Horst für sich doch lieber ein Bierchen aus dem Kühlschrank geholt hatte, begann Germa, die für ihn wichtigen Fragen zu stellen. Horst und Gisela erzählten ihm alle ihre Wünsche, Vorstellungen und Sorgen, die sie mit ihrem Bauvorhaben verbanden. Germa fasste zum Schluss die wichtigsten Aussagen zusammen:

„Hort und Gisela hatten sich vor 5 Jahren kennen gelernt, als Horst noch mit einer anderen Frau liiert war. Vor knapp einem Jahr haben sie geheiratet und wollen gerne bald ein Kind bekommen. Bei einem Kind soll es dann auch bleiben. Horst ist als Vermögensberater bei einem großen Finanzunternehmen tätig. Gisela arbeitet als Angestellte bei einer Versicherung. Sie will auch nach der Familiengründung berufstätig bleiben. Das Bauvorhaben soll durch Kredite finanziert werden. Das Eigenkapital ist dann für die Inneneinrichtung eingeplant. Der Plan für das Haus ist nicht mehr zu ändern. Die Innenausstattung ist noch völlig offen. Das Paar liebt das Gemütliche und hat es gerne etwas bunter. Sie führen eine glückliche Beziehung, in der Horst in der Außenwirkung dominiert. Der Beruf ist für beide sehr wichtig, ebenso die ganze Familie mit allen Verwandten, die ihnen den richtigen Rückhalt gibt. Sie pflegen gute und enge Kontakte zu den Eltern und anderen Verwandten. Horst hat keine besonderen Hobbys. Etwas Fußball, Krimis lesen und Biergarten stehen meistens auf seiner Freizeitliste. Gisela dagegen ist ein kreatives Wesen. Handarbeiten, Basteln und Malen beschäftigen sie in jeder freien Minute. Dabei stellt sie viele praktische und hübsche Sachen her. Inzwischen ist sie eine wahre Expertin in kreativen Techniken geworden."

Es wurde später Abend. Germa konnte sich vor Müdigkeit kaum noch auf den Beinen halten. So packte er seine Notizen und Pläne zusammen und rief ein Taxi, um ins Hotel zu fahren. Er entschied sich für ein Hotel, weil er zu Horst und Gisela lieber eine neutrale Distanz wahren wollte. Als Berater durfte er schließlich den objektiven Blick nicht verlieren. Private Bindungen hätten dabei nur gestört.

Liebe Leserinnen und Leser, an dieser Stelle zieht Germa sich zurück und arbeitet die Analyse und die Empfehlungen aus. Nutzen Sie ebenfalls die Gelegenheit, selbständig den dargestellten Fall zu bearbeiten. Den Grundriss des Hauses finden Sie auf der nächsten Seite. Blättern Sie zuerst nicht weiter, denn auf der nächsten Seite beginnt die Lösung der Aufgabe. Viel Spaß und Erfolg dabei!

Was lernen wir aus dem Märchenabschnitt?

• So sieht der Grundriss des Hauses von Horst und Gisela aus:

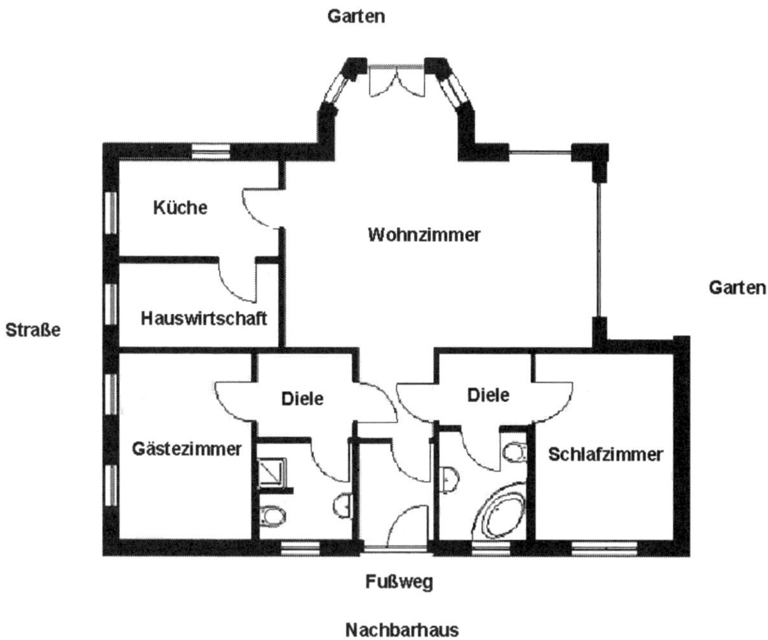

Germas geheime Aufzeichnungen

Germa zog sich zurück und arbeitete Schritt für Schritt die Analyse für das Haus seiner Verwandten aus. Er wollte sich nicht über die Schulter schauen lassen, weil nicht alle Berechnungen und Aufzeichnungen für seine Klienten bestimmt waren. Die fachlichen Details und die direkten Deutungspotentiale hätten Horst und Gisela nur verwirrt. Germa wollte ihnen nur das fertig aufbereitete Ergebnis präsentieren.

Germa begann, seine Gesprächnotizen systematisch zu sortieren. Zuerst beschäftigte ihn die Landschaftsschule, mit der er die Umgebung des Hauses beurteilte. Leider gab es dazu noch kaum brauchbare Erkenntnisse, weil die Gegend von Natur aus flach und ohne echtes, oberirdisches Wasser war. Zu den virtuellen, d.h. von Menschen geschaffenen Formen zählte lediglich die Straße vor dem Haus. Alles Weitere sollte sich erst im Laufe der Zeit entwickeln, wenn die Menschen ihre Häuser beziehen und die Gärten anlegen werden. Wohl oder übel musste Germa auf eine genauere Auswertung der Umgebung vorläufig verzichten.

Trotzdem versuchte er, soweit es möglich war, die diversen Regeln zu untersuchen.

Zuerst schaute er sich die rein zeitabhängigen Regeln an. In die Richtung der „1“, also gegenwärtig im NO, sollte sich ein Berg befinden. In diese Richtung stand auch schon zur Hälfte das Nachbarhaus. Dazwischen lag nur ein schmaler Fußweg. Der Berg war also da. Die gegenüberliegende Richtung der „0“, nach SW hatte noch kein Wasser. Doch an dieser Seite befand sich der eigene Garten, so dass später ein Teich oder ähnliches denkbar wäre.

Die dritte zeitliche Richtung, der sekundäre Wohlstandsbereich, gegenwärtig der Osten, verfügte über das „virtuelle Wasser“ der Straße. Gar nicht so schlecht, dachte sich Germa.

Dann kamen die objektabhängigen Regeln. Der Weg des Berg- und des Wassersterns, in diesem Fall Bergstern Yang und Wasserstern Yin, brauchten Wasser vor dem Haus. Da leistete die Straße ebenfalls gute Dienste.

Die glücklichen Regeln der „Summe der 10“ und der „Dreier-Kombis“ waren leider nicht vorhanden. Glücklicherweise hielten sich der rechtzeitige Stern 8 und die ziemlich üble 5 der Mitte fern.

Die übriggebliebene Regel, die sowohl vom Zeitpunkt der Auswertung als auch vom Objekt abhängig war, lieferte ebenfalls keine beunruhigende Ergebnisse. Beide rechtzeitigen Sterne befanden sich in der Blickrichtung. Wasser als Straße und Häuser als Berg gegenüber erfüllten die Anforderungen zumindest virtuell.

Germa war mit dem Ergebnis zufrieden und widmete sich der Aufstellung des energetischen Diagramms des Hauses und der Aufteilung des Grundrisses in die Himmelsrichtungs-Bereiche. Zuallererst fiel ihm auf, dass fast alle Sternenkombinationen doppelt vorkamen. Das passierte rein mathematisch immer dann, wenn ein Haus entweder einen „doppelten Blick“ oder einen „doppelten Sitz“ hatte. Schön und gut, dachte Germa etwas beunruhigt und murmelte leise unter der Nase: „Das macht im Prinzip nur die Hälfte der Arbeit, aber was bedeutet es noch? Was kann man mit dieser Besonderheit anfangen?“ Er grübelte erfolglos nach. Eigentlich hätte er nun wie gewöhnlich weiter machen können und die einzelnen Sternenkombinationen auswerten. Was aber, wenn er damit wichtige Zusammenhänge übersehen hätte? Das Gewissen ließ ihn nicht los. Er beschloss, Meister Chi zu kontaktieren. Er wollte aber nicht sofort anrufen. Um diese Uhrzeit schlief Meister Chi sicher. Also wartete Germa bis zum Morgengrauen ab und wählte die Nummer des Meisters.

Meister Chi freute sich sehr über das Lebenszeichen von Germa. Die Frage, die Germa stellte, überraschte den Meister nicht. Schließlich hatten sie über einen solchen Fall noch nie miteinander gesprochen. Nachdem Germa ihm den Fall geschildert hatte, antwortete der Meister:

„Ich freue mich, dass dir diese Besonderheit aufgefallen ist. Dieselbe Sternenkombination bedeutet dieselben Grundpotentiale. Diese variieren dann entsprechend dem zuständigen Hauptstern und sind entweder mehr yin- oder mehr yangorientiert. Damit haben immer zwei Bereiche eine besondere Verbindung. Jeder Bereich steht stellvertretend für ein Lebensthema, das sich aus dem jeweiligen Trigramm der Himmelsrichtung ableitet. Wenn zwei Bereiche dieselben Tendenzen haben, dann sind die Lebensthemen eng miteinander verbunden. Welche Bereiche sind in deinem Fall mit denselben Sternenkombinationen belegt?“, fragte Meister Chi recht neugierig.

„Das sind z.B. Südwesten und Südosten oder Nordwesten und Süden.“ Antwortete Germa in der Hoffnung, eine weiter helfende Antwort zu bekommen.

„ Das bedeutet, dass die Partnerschaft und der Wohlstand sehr eng verknüpft sind. Je nachdem, welches Potential die Sternenkombination hat, stützen sich die Bereiche gegenseitig. Das kann günstige aber auch ungünstige Folgen haben. Ebenso Popularität und gesellschaftliche Kontakte haben viel mit hilfreichen Menschen und dem Thema Hilfe zu tun. Entweder bauen beide aufeinander auf oder ergänzen sich im negativen Sinn. Das hängt von der Deutung der Sternenkombinationen ab.“ Meister Chi versuchte schnell, aber deutlich zu reden. Ihm waren die horrenden Telefongebühren sehr wohl bewusst.

„Soll ich dir die Sternenkombinationen nennen?“ Germa spekulierte auf weitere Hilfe des Meisters.

„Nein mein Lieber. Das schaffst du schon alleine. Ich helfe dir, mache aber nicht deine Arbeit. Ich wünsche dir viel Erfolg und freue mich auf unser Wiedersehen. Bis bald“. Meister Chi zerstreute mit seiner entschlossenen Antwort jegliche Hoffnung auf ein weiteres Gespräch. Germa bedankte sich also und wünschte seinem Meister ebenfalls eine gute Zeit.

Nach dem Frühstück setzte er sich wieder an den Schreibtisch des Hotelzimmers und arbeitete weiter. Aufgrund der besonderen Zusammenhänge des Falls beschloss er, etwas anders als bisher vorzugehen. Er stellte die Lebensthemen zusammen, bei denen dieselbe Sternenkombination aufgetreten war. Selbstverständlich untersuchte er jede einzelne Sternenkombination für sich, weil ihre Bedeutungen und Tendenzen natürlich von der Art des Hauptsterns abhängig waren. Die Ergebnisse stellte er in einer Tabelle zusammen (siehe am Ende des Kapitels).

Danach ordnete er die Sternenkombinationen den Lebensthemen zu. Seine Aufzeichnungen waren sehr sorgfältig:

- „Mitte und Norden haben die Kombination 1-6 / 6-1.
  Die Mitte stellt keinen gesonderten Raumbereich dar, sondern gilt als die Gesamtheit, der Betrachtungspunkt des Ganzen. Ihre Tendenz hinterlässt in jedem Palast ihre Spuren. In diesem Fall ist sie mit dem Norden, also der Karriere besonders stark verknüpft.
  Die Einflüsse der Sternenkombi 1-6 sind äußerst vorteilhaft. Damit dürfte der beruflichen Entwicklung und einer erfolgreichen Karriere nichts im Wege stehen.
  Horst und Gisela sind beide berufstätig und wollen es auch bleiben. Die künftige Aufgabe, Familie und Beruf unter einen Hut zu bringen, dürfte eine große Herausforderung werden, die sich auf alle übrigen Lebensthemen auswirken wird.

- Nordosten und Westen haben die Kombination 4-3 / 3-4.
  Diese Kombination zählt in der 8. Periode zu den recht problematischen Pärchen. Der Stern 3 ist gut zu gebrauchen, der Stern 4 dagegen hat nichts Gutes im Sinne. Beide repräsentieren aber dieselbe Wandlungsphase. Damit ist eine Optimierung kaum möglich, weil zugleich mit der Stärkung der guten 3 sich auch die miese 4 freut und noch schlechter wird. Versucht man die 4 zu schwächen, verliert aber

gleichzeitig die 3 an ihrer guten Kraft. Deshalb sind die Tendenzen aus dieser Kombination, sowohl die positiven, als auch die negativen zwar zu berücksichtigen, doch die Wahrscheinlichkeit, dass sie zu Geltung kommen, hält sich stark in Grenzen.
Wissen, Kreativität und Kinder zählen nun also zu den Lebensthemen, die für Horst und Gisela recht schwer in den Griff zu bekommen sein werden und für die es kaum greifbare Tendenzen gibt. Wissen und geistiger Reichtum zählen nicht zu den Lebensschwerpunkten der beiden. Kinder und Kreativität sind aber sehr wohl bedeutsam und sollen zum wichtigen Lebensinhalt werden. Die Optimierung der Bereiche, sofern es möglich ist, hat also eine große Bedeutung."

In dem Zusammenhang überlegte Germa, wie die Zuordnung der Räume am günstigsten wäre. Das NO-Zimmer als Schlafzimmer und das Zimmer im Westen als Kinderzimmer, oder genau umgekehrt? Germa überlegte lange und wog diverse Möglichkeiten ab. Alleine vom Lebensthema her wäre ein Kinderzimmer im Westen günstiger untergebracht gewesen. Doch dann hätte hier auch noch die 5 als Hauptstern im NW gewirkt, keine schöne Geschichte. Ein Schlafzimmer im NO hätte die 4 als Hauptstern gehabt, das war ebenfalls keine prickelnde Lösung. Also entschied Germa, dass das Kinderzimmer im NO eingerichtet werde sollte, um den günstigen Hauptstern 3 zu nutzen. Das Schlafzimmer im Westen und NW hatte zwar keine besonderen Vorteile anzubieten, doch zumindest sind die Tendenzen in Bezug auf das Wohlbefinden nicht so katastrophal wie die Tendenzen für Yang-Aktivitäten.
Die schwierige Raumfestlegung machte schon deutlich, dass die beiden Lebensthemen zu echten Herausforderungen im Leben von Horst und Gisela werden würden.

- „Südosten und Südwesten haben die Kombination 9-7 / 7-9.
Wohlstand und Partnerschaft gehen in dem Haus Hand in Hand. Sie sind stark verbunden und voneinander abhängig. Je nach Lage und Situation pendeln die Tendenzen zwischen günstigen und eher ungünstigen Einflüssen hin und her. Beförderung und Konflikte, Reizbarkeit und Ruhm wechseln sich ab und lassen eine Berg- und Talfahrt wie

auf einer Achterbahn erwarten, die zwar Spaß macht, doch manchmal auch Angst auslösen kann."
Germa hatte die Lebenssituation von Horst und Gisela vor Augen. Das Bauvorhaben wurde über Kredite finanziert, die nur mit gemeinsamen Kräften der beiden abbezahlt werden können. Deshalb wollte auch Gisela weiter berufstätig bleiben. Alleine hätte Horst die Last nicht tragen können. Eine Achterbahn der Beziehung und der Gefühle dürfte dabei vorprogrammiert sein. Glücklicherweise wirkte die Sternenkombination nicht nur ungünstig. Mit gezielter Optimierung und einer Portion Selbstdisziplin war die Aufgabe zu meistern.

- „Süden und Nordwesten haben die Kombination 5-2 / 2-5.
  Mit dieser Sternenkombination zählen die beiden Bereiche zu den ungünstigsten im ganzen Objekt. Ruhm, Popularität und Hilfe (Geben und Nehmen) dürfte mit starken Widerständen verbunden sein. Auf die Hilfe von Anderen zu warten oder mit einer Unterstützung der Popularität zu rechnen, wäre hier kein guter Ratschlag. Auf diesen „Steinen" kann man aufgrund der schlechten Ausgangslage schlecht bauen."
  Germa wusste, dass Horst ab und an den Hang zur Angeberei an den Tag legte und gerne mal im Mittelpunkt stand. Vorteile hatte es ihm bisher nie gebracht. Im Gegenteil, manchmal stürzte er dabei in echte Schwierigkeiten. Außerdem träumte er auch schon mal vom schnellen Geld und verließ sich dabei recht gutgläubig auf „bombensichere" Tipps und Ratschläge. Die Tendenzen der beiden Bereiche verstand Germa als eine Warnung an Horsts Schwachstellen. Im Gespräch mit den beiden beschloss Germa, das Problem offen anzusprechen.

- „Osten hat die Kombination 8-8 und steht solitär da.
  Das Thema „Familie, Verwandte und eigene Wurzeln" nimmt damit eine herausragende Stellung ein. Die Tendenzen sind hervorragend und lassen nur das Beste hoffen."
  Familie war für Horst und Gisela das Wichtigste im Leben. Daran zweifelte Germa nicht. Es freute ihn sehr, dass in dem Thema nichts Negatives zu erwarten war. Die Familie stellte die Säule des Glücks für sie dar.

Germa lehnte sich zufrieden zurück. Die vielen Deutungen und Tendenzen fanden zu einem stimmigen Bild zusammen. Das Haus von Horst und Gisela zählte wahrlich nicht zu den phantastischen Glücksobjekten, von denen er schon mal gehört hatte. Doch kein Wunder - wenn das Haus ein Glücksobjekt gewesen wäre, in dem alle Träume und Wünsche der Bewohner die optimalsten Entwicklungschancen gehabt hätten, dann hätte es auch keiner Beratung oder Optimierung nötig gehabt. Oder ginge man zum Arzt, weil man gesund ist? Germa wurde klar, dass solche „Problemhäuser" sein tägliches Brot als Feng-Shui-Berater werden würden. Solange die Menschen glücklich waren, keine großen Probleme hatten und sich kaum mit Widrigkeiten herumschlagen mussten, dachten sie gar nicht daran, einen Berater um Hilfe zu bitten. Warum auch?

Das Handwerk war also erledigt. Die Tendenzen und Deutungen für das Haus standen fest. Die Optimierungen waren ebenfalls klar. Jetzt stand Germa vor der schwierigsten Aufgabe, die einzelnen Bausteine zu einer „runden" Empfehlung zusammen zu bauen.

Wie er das Ganze dann Horst und Gisela vorstellen und erklären sollte, daran mochte er im Augenblick noch gar nicht denken. Er widmete sich zuerst der Gestaltungsempfehlung.

Er beschloss die Räume nacheinander, wie bei einem Wohnungsrundgang zu bearbeiten und dann auch so vorzustellen. So probte er schon in einem Selbstgespräch:

- „Eingang und Diele
  Obwohl der Raum recht klein ist, mischen sich hier eindeutig zwei Himmelsrichtungsbereiche mit sehr unterschiedlichen Tendenzen. Im Norden wird vor allem Metall gebraucht. Genau das braucht man aber auch im Nordwesten.

- Beide Badezimmer haben zwar unterschiedliche Tendenzen und Sternenkombinationen, doch die optimierende Wandlungsphase ist dieselbe. Klassische Bäder in weiß und Chrom sind hier von Vorteil.

- Schlafzimmer (mit Vorraum)
  Im NW wird Metall gebraucht. Im W kann wegen dem Hauptstern 3 die Wandlungsphase Wasser gute Dienste leisten. Deshalb sollte der Raum in Yin-betontem Mix aus viel Metall und Wasser eingetaucht werden.

- Kinderzimmer mit Vorraum
  Auch hier sollte Wasser zum Einsatz kommen. Ergänzend dazu dürfte Holz nicht schaden, weil die Fenster ohnehin Holz-Energie liefern. Wenn gewünscht könnte auch Feuer mitverwendet werden, weil bei der Sternenkombination ohnehin keine optimale Lösung in Sicht ist.

- Hauswirtschaftsraum
  Schade, dass die sehr günstige Sternenkombination hier kaum genutzt werden kann. Trotzdem sollte die Gestaltung feurig-erdig sein.

- Küche
  Um die sehr günstige 8 als Hauptstern optimal zu nutzen, braucht der Raum echtes Wasser. Glücklicherweise ist dieses in der Küche immer vorhanden, so dass nichts Zusätzliches mehr unternommen werden muss. Die Gestaltung braucht im Osten Feuer und Erde, im Südosten dagegen Wasser und Holz. Wasser ist, wie gesagt, ohnehin da und Holz wird durch die Wandlungsphase der beiden Himmelsrichtungsbereiche und des Ostfensters geliefert. Zu Gunsten der 8-8 ist hier also Feuer wichtig. Damit kommt die 7 auch unter Kontrolle. Eine feurige Küche wird Gisela sicher gefallen.

- Wohnzimmer
  Aufgrund seiner Größe verfügt der Raum über unterschiedliche Einflüsse. Am stärksten wird er vom Süden und Südwesten geprägt. Im Süden ist Metall unbedingt notwendig. Der SW kann dagegen gut mit Holz optimiert werden. Holz allein zur Optimierung der Kombination 5-2 zu nehmen, wäre keine gute Lösung, doch in Verbindung mit Metall ist es zu vertreten. Metall bringt gleichzeitig die 4 im Westen unter Kontrolle. Der SO hat hier keine direkte Verbindung nach draußen

und damit bleibt der Wasserstern 7 inaktiv. Holz stärkt dagegen die 9. Die Kompromisslösung für den Raum lautet Metall mit Holz."

In den Unterlagen für Horst und Gisela wollte Germa selbstverständlich keine Fachausdrücke oder Namen der Wandlungsphasen verwenden. Die Empfehlungen „übersetzte" er in direkte Form-, Farbe- und Materialvorschläge. Von seinem Meister lernte er 4 Grundregeln für eine gute Empfehlung. Er rief die Tipps des Meisters ins Gedächtnis. Sie lauteten:

- „Benutze nur die Wörter, die dein Kunde versteht. Setze nie voraus, dass Fachausdrücke geläufig sind. Wörter, die man nicht versteht, verunsichern nur und bilden ein Hindernis für die Umsetzung der Maßnahmen.

- Formuliere deine Aussagen so, dass sie keine Angst oder Verunsicherung auslösen. Deine Empfehlungen sind wie Verkehrsschilder auf der Straße. Sie informieren, regeln, machen aufmerksam und helfen, bestmöglich durchzukommen. Angst ist ein ganz schlechter Berater.

- Verspreche nichts und gebe keine Garantien. Deine Empfehlung soll die Klienten motivieren, die Eigenverantwortung zu übernehmen. Kein Berater kann für einen Lebensweg garantieren.

- Bleibe bei deinen Aussagen konkret und gebe nur praktisch umsetzbare Empfehlungen. Je praxisorientierter sie sind, umso größer ist die Motivation sie auch umzusetzen."

Germa schaute auf die Uhr. Er hatte mit den Ausarbeitungen direkt nach dem Frühstück begonnen. Jetzt war es Spätnachmittag geworden und sein Magen knurrte fürchterlich. Genug gearbeitet, dachte Germa und beschloss den Nachmittag zu genießen. Am Abend blieb noch genug Zeit, um die Unterlagen für Horst und Gisela zusammenzustellen. Der Termin mit Horst und Giesela war für den nächsten Vormittag geplant. Wie gerne hätte er Meister Chi dabei gehabt, doch der war weit, weit weg von ihm entfernt.

Was lernen wir aus dem Märchenabschnitt?

- Die Aufteilung des Grundrisses:

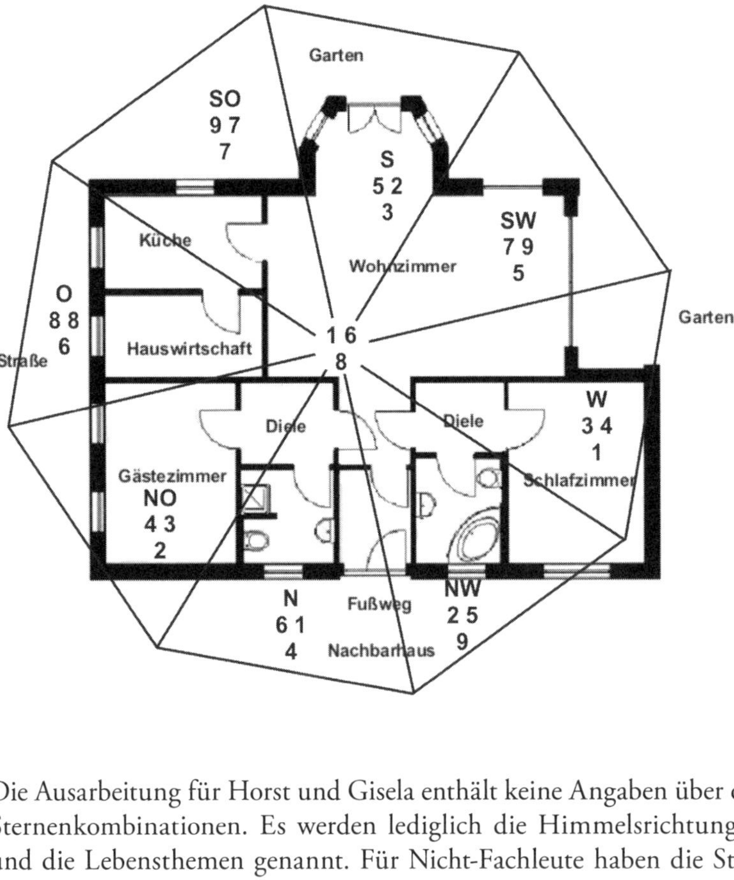

Die Ausarbeitung für Horst und Gisela enthält keine Angaben über die Sternenkombinationen. Es werden lediglich die Himmelsrichtungen und die Lebensthemen genannt. Für Nicht-Fachleute haben die Sternenkombinationen keine praktische Bedeutung.

- Auswertung der diversen Regeln:
  Diese Unterlage behält Germa nur für sich. Seine Klienten würden sie nicht verstehen und hätten keinen Nutzen daraus.

Regel	Bedeutung	Ist-Zustand	Optimierung durch…
Der Weg des Berg- und des Wassersterns	Berg Yang, Wasser Yin Soll: Wasser vorne	Straße als virtuelles Wasser	Keine notwendig, wenn gewünscht könnte ein Teich oder Springbrunnen vor dem Haus errichtet werden
Positionierung vom Berg- und Wasserstern	Beide rechtzeitigen Sterne befinden sich in der Blickrichtung, also ein „doppelter Blick"; Soll: Berg und Wasser vorne	Virtuelles „Wasser" als Strasse vorhanden, Berg fehlt	Im Vorgarten eine „bergige Landschaft" errichten (Findling, Steingarten, evtl. Bäume)
Die Richtung der 1 Die Richtung der 0	NO – Soll: Berg SW – Soll: Wasser	Nachbarhaus = Berg Garten (noch nicht gestaltet)	Keine notwendig Evtl. ein Wasserobjekt im Garten
Der sekundäre Wohlstands-Bereich	O - Soll: Wasser	Strasse = Wasser	Keine notwendig, bzw. siehe Regel der Positionierung
Die „Glückliche 10"	nicht vorhanden		
Die „Dreier-Kombination"	nicht vorhanden		
Die „Fünf" in der Mitte	nicht vorhanden		
Eingesperrter rechtzeitiger Stern	nicht vorhanden		

- Auswertung der Sternenkombinationen:
  Auch diese Tabelle wird in Germas Aktenkoffer versteckt bleiben. Sie dient lediglich dazu, die breite Palette an möglichen Deutungen auf einen Blick vor Augen zu haben. Erst eine genaue Überlegung und Gegenüberstellung der von seinen Klienten erhaltenen Informationen mit den möglichen Tendenzen erlaubt eine individuelle Interpretation. Genau das ist die Kunst im Feng Shui. Germa würde nie eine Deutung aussprechen, wenn er nicht bereits eine Verbindung zum Leben der Klienten erkennen würde. Die tabellarische Auswertung ist ein reines Arbeitsblatt des Beraters.

Bitte beachten Sie folgende Abkürzungen:
WS = Wasserstern
BS = Bergstern
ZS = Zeitstern
HS = Hauptstern

Palast, Sternenkombination, Raum (Hauptstern fett hervorgehoben)	Tendenzen / Deutung der Sernenkombination	Optimierung durch
Norden 6 1 4 Eingang Yang-Raum, WS = HS	Beförderung, Intelligenz, Karriere, Reichtum, finanzielle Erfolge für Männer mittleren Alters und den mittleren Sohn, akademische, künstlerische und finanzielle Erfolge, Geschicklichkeit	Metall optimal, Wasser stabilisierend, Erde nicht empfehlenswert, Holz und Feuer ungünstig
Norden 6 1 4 Bad Yin-Raum, BS = HS	keine spezifische Bedeutung	Erde und Metall günstig, Wasser eher schwächend, Holz und Feuer ungünstig
Nordosten 4 3 2 Kinderzimmer Yang-Raum, WS = HS	Wissenschaftliche und künstlerische Erfolge (mit eher geringer Wahrscheinlichkeit, weil der Nebenstern ungünstig und in derselben Wandlungsphase ist)	Wasser stärkend, Metall kontrollierend, Feuer schwächend, Holz stabilisierend, Erde ungünstig
Osten 8 8 6 Hauswirtschaftsraum Yin-Raum, BS = HS	keine spezifische Bedeutung	Feuer sehr günstig und stärkend, Erde stabilisierend, Metall, Holz und Wasser ungünstig
Osten 8 8 6 Küche Yang-Raum, WS = HS	sehr vorteilhaft, finanzielle Erfolge, gute Gelegenheiten, Reichtum, Erbschaften	Echtes Wasser (auch von außen) vorteilhaft, Feuer sehr günstig und stärkend, Erde stabilisierend, Metall, Holz und Wasser (als Farbe oder Form) ungünstig
Südosten 9 7 7 Küche, Wohnzimmer Yang-Raum, WS = HS	Konflikte und Kämpfe, Reizbarkeit und Ärger, Feuergefahr (recht unwahrscheinlich, weil der Hauptstern eher neutral ist)	Wasser und Holz günstig, Feuer kontrollierend, Metall und Erde ungünstig

Süden 5 2 3 Wohnzimmer Yang-Raum, WS = HS	schwierige Bedingungen, Verlust des Partners, Fehlschläge und Misslingen, finanzielle Katastrophe, Lustlosigkeit	Metall günstig, Holz kontrollierend, Feuer, Erde und Wasser ungünstig
Südwesten 7 9 5 Wohnzimmer Yang-Raum, WS = HS	Flirt, Beförderung und Ruhm	Holz günstig, Feuer stabilisierend, Metall, Erde und Wasser ungünstig
Westen 3 4 1 Wohnzimmer Yang-Raum, WS = HS	emotionale/ mentale Schwierigkeiten, sexueller Missbrauch, Schwierigkeiten für ältere Frauen, Diebstahl	Feuer günstig, Metall kontrollierend, Wasser, Erde, Holz ungünstig
Westen 3 4 1 Schlafzimmer Yin-Raum, BS = HS	keine spezifische Bedeutung	Wasser stärkend, Metall kontrollierend, Feuer schwächend, Holz stabilisierend, Erde ungünstig
Nordwesten 2 5 9 Schlafzimmer; Bad Yin-Raum, BS = HS	höchst ernsthafte gesundheitliche Probleme (besonders Magen- und Bauchbereich), Krankheit, Lustlosigkeit, Schmerzen	Metall günstig, Holz kontrollierend, Feuer, Erde und Wasser ungünstig
Nordwesten 2 5 9 Eingang Yang-Raum, WS = HS	schwierige Bedingungen, Verlust des Partners, Fehlschläge und Misslingen, finanzielle Katastrophe, Lustlosigkeit	Metall günstig, Holz kontrollierend, Feuer, Erde und Wasser ungünstig

- Empfehlung für die Klienten
  Germa hielt sich an die Grundregeln zur Ausarbeitung einer Empfehlung, die er von Meister Chi bekommen hatte und formulierte im Folgenden die Unterlagen für Horst und Gisela. Die Ausführungen bezüglich der Potentiale und Tendenzen, die sich aus der Auswertung der Sternenkombinationen ergeben, würde er im Gespräch erläutern. Diese Unterlage soll den Beiden vor allem als Hilfe bei der Inneneinrichtung dienen.

Empfehlung zur Raumgestaltung

Eingang und Diele

Bereiche: Norden, Nordwesten

Richtung Fenster/Türen: Norden

Lebensthemen: berufliche Entwicklung, Karriere, Hilfe, hilfreiche Menschen, Freunde

Tendenzen: teilweise optimierungsbedürftige Qualität in Hinblick auf Umgang mit Hilfe, hilfreichen Ratschlägen und Tipps. Sehr vorteilhaft für berufliche Entwicklung.

Gestaltungsempfehlung:

Wände	Weiß, helles, lichtes Grau, Metall- und Perlmutteffekte
Boden	Stein- oder Fliesenboden in Grau, Anthrazit oder grau marmoriert
Fenster	keine
Möbel	runde Formen, Garderobe aus Metall, Türklingel mit metallischem Klang
Beleuchtung	mehrere Lichtquellen, runde Formen, weiß oder aus Metall
Dekoration	runde Formen, weiße oder metallische Bilderrahmen, Accessoires aus Metall

Beide Badezimmer

Bereiche: Norden, Nordwesten

Richtung Fenster/Türen: Norden

Lebensthemen: berufliche Entwicklung, Karriere, Hilfe, hilfreiche Menschen, Freunde

Tendenzen: siehe Eingang.

Gestaltungsempfehlung:

Wände	Fliesen im klassischen Weiß kombiniert mit mattem Anthrazit oder hellem Grau
Boden	wie im Eingang
Fenster	weiße Vorhänge oder Rollos in weiß oder Aluminium
Möbel	in Weiß, abgerundete Formen
Beleuchtung	mehrere Lichtquellen, runde Formen, weiß oder aus Metall
Dekoration	runde Formen, Accessoires aus Metall

Schlafzimmer mit Vorraum

Bereiche: Nordwesten und Westen

Richtung Fenster/Türen: Norden

Lebensthemen: Hilfe, hilfreiche Menschen, Freunde, Kinder, Kreativität, Spontaneität

Tendenzen: Der Raum begünstigt Erholung und Entspannung und sollte deshalb einen ruhigen und kühleren Einrichtungscharakter besitzen.

Gestaltungsempfehlung:

Wände	neben Weiß kommen alle Blau- und Grau-Nuancen in Frage, z.B. die Wand hinter dem Bett als Akzentwand in dunklerem Blau und strukturierter Ausführung (Wisch- oder Spachteltechnik), die übrigen Wände im zarten, warmen Grau
Boden	heller Holzfußboden, evtl. ergänzt durch zu den Wandfarben passende Läufer bzw. Teppiche
Fenster	weichfließende Vorhänge in weiß mit farbig abgestimmten Übergardinen, Satinglanz wäre vorteilhaft
Möbel	fließende Formen, abgerundete, wellige Abschlüsse
Beleuchtung	mehrere indirekte und regulierbare Lichtquellen, runde Formen, weiß oder aus Metall
Dekoration	nach Bedarf, beruhigend und entspannend,

Gäste- bzw. Kinderzimmer mit Vorraum

Bereiche: Nordosten

Richtung Fenster/Türen: Osten

Lebensthemen: geistiger Reichtum, Wissen, Intellekt

Tendenzen: die intellektuelle Entwicklung wird hier günstig unterstützt.

Gestaltungsempfehlung:

Wände	günstig sind alle Blau- und Grün-Nuancen
Boden	heller Holzboden
Fenster	leichte, weichfließende Gardinen in den o.g. Farben
Möbel	nach Bedarf aus Naturholz, fließende und/oder hohe, schlanke Formen, leichte Möbel, gerne etwas verspielt
Beleuchtung	mehrere Lichtquellen, warm, starke, helle Beleuchtung
Dekoration	Zimmerpflanzen, Accessoires aus Holz, evtl. sonnige Motive, Sterne

Küche und Hauswirtschaftsraum

Bereiche: Osten und Südosten

Richtung Fenster/Türen: Osten, Südosten

Lebensthemen: Familie, Verwandte, Ahnen, Wohlstand, Reichtum, Finanzen

Tendenzen: ein äußerst günstiger Bereich im Haus.

Gestaltungsempfehlung:

Wände	feurig-sonnig (sonniges Gelb, Orange, Rottöne, Rose, Bordeaux o.ä.)
Boden	entweder heller Holzboden wie in den übrigen Zimmer oder Fliesen in sonnig-warmen Farben
Fenster	Gardinen oder Rollos in warmen, sonnigen Farben
Möbel	eine funktionelle Küche in lebhaften, sonnig-warmen Farben mit wenig Metall
Beleuchtung	mehrere Lichtquellen, warm, starke Beleuchtung
Dekoration	nach Bedarf farblich abgestimmt

Wohnzimmer

Bereiche: Süden, Südwesten

Richtung Fenster/Türen: Südost, Süd, Südwest, West

Lebensthemen: Partnerschaft, Beziehung, Popularität, Ruhm, gesellschaftliche Kontakte, nachbarschaftliche Beziehungen

Tendenzen: Aufgrund der Raumgröße vermischen sich hier unterschiedliche Einflüsse, die mithilfe der Gestaltung auszugleichen sind.

Gestaltungsempfehlung:

Wände	günstig sind alle Grün- und Grau-Nuancen, sowie Weiß
Boden	heller Holzboden
Fenster	leichte, weichfließende Gardinen in den o.g. Farben
Möbel	nach Bedarf aus Naturholz, runde, ovale und hohe, schlanke Formen, ein runder bzw. ovaler Esstisch
Beleuchtung	mehrere indirekte und regulierbare Lichtquellen, runde Formen, weiß oder aus Metall
Dekoration	Zimmerpflanzen, Accessoires aus Holz und Metall

- Eine Skizze mit Vorschlägen zur Platzierung der wichtigsten Möbel.

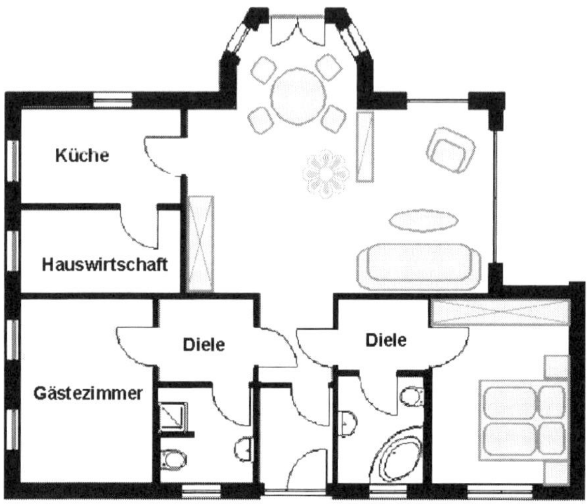

Die Früchte der Arbeit

Die Nacht verlief für Germa ziemlich unruhig. Er träumte von Beratungsgesprächen. Dabei hatte er stets das Gefühl, mit leerem Kopf und ohne Unterlagen bei seinen Kunden zu sein. Die Kunden im Traum reagierten verwirrt und irritiert. Jedes Mal, wenn Germa sich entschuldigen wollte, wachte er auf. Das Traumspiel wiederholte sich in dieser Nacht mehrmals. Irgendwann konnte Germa nicht mehr schlafen, stand auf und sortierte seine Unterlagen und Aufzeichnungen noch mal sehr genau. Schließlich sollte der Traum ja keine Wirklichkeit werden. Nach einem starken Kaffee und einem leichten Frühstück machte er sich auf den Weg zu Horst und Gisela.

Seine Verwandten begrüßten ihn herzlich. Sie konnten ihre Neugier kaum verbergen. Germa merkte, dass sie mindestens genauso aufgeregt waren, wie er selbst. Diese Beobachtung half ihm, seine eigene innere Ruhe wieder zu finden. Er begann ohne zu zögern mit seinen Ausführungen.

„Ich habe gestern sehr lange und intensiv an eurem Projekt gearbeitet und will ehrlich sein, es ist eine recht harte Nuss gewesen", Germas Stimme klang noch ein wenig unsicher.
"Warum?", fragte Gisela, „ist das Haus nicht gut für uns?"
"Gisela, unsere Häuser in denen wir wohnen, haben immer sehr viel mit unserem Leben zu tun. Sie sind wie ein Spiegel, in dem sich unsere Wünsche, Sehnsüchte aber auch Aufgaben wieder finden. Meine Arbeit hat zum Ziel, für euch Bedingungen zu schaffen, die euch in der Erfüllung eurer Wünsche und in der Bewältigung eurer Aufgaben am besten unterstützen", antwortete Germa.
"Aber kannst du es nicht so machen, dass wir hier gesund bleiben und ein glückliches Leben führen? Ein Sack voll Reichtum könnte auch nicht schaden", fügte Horst leicht scherzhaft hinzu.
"Du bist gut, Horst", Germa war froh, dass Horst ein wenig Leichtigkeit in das Gespräch brachte. „Wenn ich zaubern könnte, würde ich wahrscheinlich überhaupt nicht mehr arbeiten, sondern mir gleich alle

Reichtümer der Welt, Glück und Gesundheit herbeizaubern. Damit kann ich euch leider nicht dienen. Feng Shui verändert nicht die Welt, es zeigt uns, wie wir uns in ihr am besten zurechtfinden können. Arbeiten und Geld verdienen müsst ihr schon selbst. Doch wenn ihr Feng Shui nutzt, dann gelingt es euch, zielgerechter und energiesparender euren Weg zu meistern."

"Er hat es auch nur scherzhaft gemeint", Gisela unterbrach recht ungeduldig Germas Ausführungen. „Leg mal los. Hast du für uns etwas Schriftliches mitgebracht?"

"Aber klar, Gisela. Hier ist die Auswertung des Grundrisses und auf den anderen Seiten habe ich euch die wichtigsten Empfehlungen zusammengefasst, damit ihr alles auf einen Blick habt. Ich schlage vor, dass wir jetzt Schritt für Schritt die Unterlagen durchgehen. So bin ich sicher, dass wir an alles denken und am Ende keine Fragen mehr offen bleiben." Germa breitete die Unterlagen auf dem Tisch aus.

„Einverstanden," antworteten Gisela und Horst gleichzeitig.

„Zuerst schauen wir uns den Grundriss an. Ich habe ihn in die Himmelsrichtungsbereiche aufgeteilt und in jeden Sektor das so genannte Lebensthema reingeschrieben. Auf die Lebensthemen kommen wir gleich noch genauer zu sprechen. Wie ihr seht, liegt die Mitte des Grundrisses im Wohnzimmer und die einzelnen Himmelsrichtungsbereiche sind nicht gleich groß, weil der Grundriss unregelmäßig ist." Germa erzählte sehr ruhig und souverän. Sein Lampenfieber war wie weggeblasen.

„Germa, jetzt verstehe ich gar nichts mehr!", protestierte Gisela ganz laut. In allen Büchern, die ich gelesen habe, wird der Grundriss in neun gleiche Rechtecke aufgeteilt und die Eingangstür ist immer unten. Die Tür hast du auch unten, aber warum malst du eine Torte auf dem Grundriss? Ist das auch richtig, was du gemacht hast?"

Mit dieser Frage hatte Germa nicht gerechnet. Das war sein Fehler, denn er hätte sich denken können, dass Gisela als „belesene" Kundin mit seiner Darstellungsweise nicht klar kommen würde. In seinem Land war es üblich, vor allem die neu erfundenen Methoden in der Literatur zu beschreiben. Quadratisch, einfach und schnell umsetzbar sollten sie sein.

Deshalb waren viele Leute der Meinung, Feng Shui brauchte man nicht zu lernen, ein Buch hätte genügt. Germa fiel sogar spontan eine Bezeichnung für diese Art von Feng Shui ein, das „Convenience-Feng-Shui". Mit „Convenience" werden in der Lebensmittelindustrie vorgekochte oder anders vorbereitete halb fertige Speisen bezeichnet, die sehr schnell servierbereit waren, wie z.B. eine Tütensuppe. Die Gerichte waren deshalb sehr beliebt, manche schmeckten sogar gut und machten satt. Doch ob sie auf die Dauer unserer Gesundheit förderlich sind, war eine andere Frage. Nun, in diesem Augenblick halfen diese Gedanken Germa nicht weiter, er war Gisela eine Antwort schuldig.

„Gisela, ich finde toll, dass du dich für Feng Shui interessierst. Weißt du, mit Feng Shui ist es so ähnlich wie mit Medizin. Man kann für den Hausgebrauch bei kleinen Wehwehchen gute Ratschläge aus vielen Büchern bekommen. Wenn aber etwas Ernsteres vorliegt, dann gehst du sicher auch lieber zum Arzt oder Heilpraktiker, oder?"

„Ja, klar. Da muss ein Fachmann oder Fachfrau ran. Herumdoktern ist nicht mein Ding", bestätigte Gisela seine Frage.

„Genau, und wenn du zum Arzt gehst, dann greift er auf ganz andere Untersuchungsmethoden und Therapien zu. Er schaut, welcher Weg der beste für deine Gesundheit ist. Das tue ich auch für euer Haus. Ich bin der Fachmann und habe lange Zeit sehr gründlich mein Fach gelernt. Deshalb bin ich imstande die richtige Methode für euch auszuwählen. Ich denke, ein Neubau ist viel zu wichtig und kein Fall zum Herumdoktern". Germa war selbst überrascht, wie einfach ihm eine Erklärung gelungen war, ganz spontan und ohne nachzudenken.

„Ich verstehe", mischte sich Horst ein, „ich will das Beste für unser Haus und nichts Handgestricktes. Gisela, du kannst Germa fragen, wo du das auch lernen kannst, wenn du willst. Jetzt will ich aber weiter machen". Die eindeutige Weichenstellung durch Horst kam Germa sehr recht. Letztendlich war er hier, um eine Beratung zu machen und nicht, um Gisela auszubilden.

Die Hürde wurde also genommen und Germa kehrte zurück zu seinen Ausführungen.

„Wie ich bereits sagte, haben die einzelnen Himmelsrichtungsbereiche unterschiedlich viel Platz in eurem Haus. Dazu habe ich sozusagen die Qualität und die Tendenzen der Bereiche ermittelt.".
"Was meinst du mit Tendenzen?", fragte Horst.
"Mit Tendenzen meine ich Themen, Vorhaben oder Neigungen, die in den jeweiligen Bereiche gut gelingen können. Man könnte die Tendenzen fast mit Talenten bei Menschen vergleichen. Jeder von uns hat Talente. Manche müssen erst entdeckt werden, weil sie bisher keine Gelegenheit hatten, sich zu zeigen. Andere wiederum kennen wir, aber haben keine Zeit und Gelegenheit, sie zu nutzen. Wenn wir unsere Talente ausleben können, dann kostet uns es weniger Kraft und das Ergebnis ist besser, als bei Unternehmungen, für die wir nicht talentiert sind. Ähnlich ist es mit Wohnungen und Häusern. Jeder Himmelsrichtungsbereich eines Grundrisses verfügt über bestimmte Talente. Nutzen wir den Raum entsprechend seiner Talente, dann werden wir in unserem Tun unterstützt. Arbeiten wir gegen diese Talente, dann gestaltet sich unsere Arbeit hingegen recht mühevoll und wir haben ständig mit Widrigkeiten zu tun."
"Das klingt aber interessant. So etwas stand nicht in den Büchern, die ich gelesen habe", wunderte sich Gisela. „Heißt es aber, dass wir in bestimmten Räumen etwas nicht tun dürfen, weil es uns auch nicht gelingt?"
"Grundsätzlich kann man in allen Räumen jeder Tätigkeit nachgehen. Die Frage ist nur, wie wird dann das Ergebnis aussehen und wie viel Kraft und Anstrengung müssen wir zum Gelingen aufwenden. Schau, es ist wieder wie bei den Menschen. Theoretisch kann jeder von uns Klavierspielen lernen. Mit Fleiß und Ausdauer werden wir auch etwas vorspielen können. Doch was für ein Unterschied, wenn ein talentierter Musiker im Gegensatz zu einem fleißigen „Möchtegern-Pianisten" die Klaviertasten erklingen lässt."
"Ich verstehe", sagte Gisela nachdenklich.
"Da fällt mit etwas ein," fügte Horst hinzu, „es gibt Menschen, die auch Talent zu nicht so tollen Dingen haben. In meiner Branche gibt es eine

ganze Menge sehr talentierter Betrüger! Kann eine Wohnung auch solche unerwünschte Talente haben?".

„Horst, du sprichst einen sehr wichtigen Aspekt an. Wie alles im Leben, hat auch eine Wohnung gute und weniger gute Seiten. Nicht so gut sind die Seiten, die über ungünstige Tendenzen verfügen. Solche Bereiche finden sich in jeder Wohnung. Man kann ... ". Germa hatte den Satz noch nicht zu Ende gesprochen, als Gisela sehr aufgeregt dazwischen rief: „Oh du liebe Güte, kannst du denn nichts machen, damit alles besser wird? Ich will nicht in ein Haus ziehen, das schlecht ist! Wir wollen doch in dem Haus alt werden und das dauert noch".

„Gisela, beruhige dich", Germa war es gelungen, ihren Redeschwall zu unterbrechen. „Wie in der Medizin, gibt es für jedes Zipperlein ein Mittelchen. Im Feng Shui benutzen wir als Heilmittel alle Gestaltungselemente, die uns zu Verfügung stehen."
"Was meinst Du damit?", wollte Horst wissen.
"Nun, zuerst versuchen wir, mit der Gestaltung der Landschaft, also des Gartens und des Grundstücks das Günstige zu stärken und das nicht so optimale zu verbessern. Dazu benutzen wir Berge und Wasser. Keine Angst, ihr braucht nicht gleich einen Berg aufzuschütten oder ein Schwimmbad zu bauen. Kleine Gestaltungselemente, wie z.B. Bäume, Hecken oder eine Mauer gelten ebenfalls als Berge und Gartenteiche oder Bachläufe erfüllen die Aufgaben des Wassers."

„Das finde ich klasse," rief Gisela etwas beruhigter. „So kann ich mich endlich sinnvoll im Garten austoben. Wo sollen wir denn etwas machen?"

„Euer Grundstück und die gesamte Umgebung sind bis jetzt noch eine große Baustelle. Deshalb ist es für mich nicht leicht, die Einflüsse der unmittelbaren Umgebung zu untersuchen. Klar kann ich mir vorstellen, wo die Nachbarhäuser stehen werden, doch wie die Nachbarn ihre Grundstücke gestalten werden, darüber kann ich nur spekulieren. Bis ihr den Garten gestaltet werdet, vergeht sicher auch noch einige Zeit.

Vorab kann ich euch aber sagen, wo in eurem Garten am günstigsten ein Gartenteich oder ein Bachlauf zu platzieren wäre.“, erklärte Germa.
“Toll, einen Gartenteich will ich in jedem Fall haben“, Giselas Begeisterung wuchs.
“Der günstige Platz für den Teich wäre im SW. Hier werdet ihr sicher auch eine Terrasse machen wollen, oder?“, fragte Germa.
“Ja, wir wollen gerne eine Terrasse, die von dem Erker bis auf die Hausseite mit der großen Glastür führt“, Horst begeisterte sich auch für die Vorstellung. „Könnten wir dann genau an der Ecke den Teich machen und die Terrasse mit einem Steg erweitern?“
“Sehr gute Idee Horst!“, Germa gefiel der Vorschlag.
“Und wie sollen wir den schmalen Streifen zwischen unserem Haus und der Straße gestalten? Ein Vorgarten ist doch im Feng Shui sehr wichtig, habe ich gelesen“, Gisela warf die nächste Frage in den Raum.
“Hier ist tatsächlich nicht sehr viel Platz. Umso wichtiger wäre eine durchdachte Gestaltung. Ein Rasenstreifen wirkt langweilig und öde. Meine Idee wäre ein Steingarten mit einem kleinen Wasserlauf oder zumindest einer dekorativen Vogeltränke. Ein Steingarten lässt sich auch in die Höhe modellieren, so dass ihr eine richtige kleine Landschaft kreieren könntet“, antwortete Germa. „Für Details der Gestaltung, habt ihr noch etwas Zeit. Gerne helfe ich euch dann weiter.“
“Das gefällt mir alles sehr gut, nun jetzt will ich aber endlich über die Räume sprechen. Ich muss in einer Stunde im Büro sein. Schaffen wir das?“, fragte Horst ein wenig ungeduldig.
“Gut zu wissen, dass du bald gehen musst. Ich versuche mein Bestes“, Germa war ein wenig überrascht, weil sie eigentlich den ganzen Vormittag für die gemeinsame Besprechung vereinbart hatten. Aber so war Horst eben…

„Also, ich habe vorher ja schon kurz die Lebensthemen erwähnt. In der Analyse habe ich versucht, zu den Lebensthemen eure Wünsche und Ziele zuzuordnen. Als erstes habt ihr beide eure Partnerschaft und den Wunsch nach Nachwuchs genannt. Die Entsprechung dazu im Spiegel des Wohnungsgrundrisses ist in den Bereichen Südwesten und Westen zu finden. Die „Talente“ der Bereiche, vor allem des Südwestens sind recht gut. Man kann sie nach einer gezielten Gestaltung gut nutzen.

Die Gestaltung besprechen wir im Zusammenhang mit den einzelnen Räumen.
Die Einflüsse, die den Südwesten betreffen, finden sich im Haus nochmals und zwar im Südosten. Das ist, wie du, Gisela, vielleicht schon weißt, der Bereich des materiellen Wohlstandes, der sich recht passend bei euch in der Küche befindet. Die Themen Partnerschaft und Wohlstand hängen also zusammen. Das brauche ich euch, glaube ich, gar nicht groß erklären. Im Vorgespräch habt ihr selbst betont, wie wichtig es wird, dass Gisela weiterhin berufstätig bleibt und ihr mit gemeinsamen Kräften den finanziellen Kraftakt des Hausbauens bewältigen wollt. Sicher wird es auf dem Weg zum Ziel auch Höhen und Tiefen geben, doch das Haus wird euch dabei gut unterstützen.“ Germa atmete tief durch. Er hatte eigentlich nicht damit gerechnet, dass Horst und Gisela ihn ausreden lassen würden.

„Aha, das ist aber spannend, was du da so herausgefunden hast“, sagte Horst. „Haben wir uns also das passende Haus für unser Leben ausgesucht?“
“Zumindest findet ihr euer Leben in dem Haus wiedergespiegelt,“ schmunzelte Germa ein wenig.

„Aber wie steht es mit dem Kinderkriegen? Werde ich bald schwanger?“, Giselas Augen leuchteten. Horst schaute dagegen ein wenig verdutzt. Giselas Offenheit fand er eher peinlich. Germa lies sich aber nicht verunsichern: „Gisela, alleine durch Feng Shui sicher nicht. Aber das weißt du selbst. Ich kann euch nur sagen, dass das Lebensthema Kinder, wobei hier nicht nur Kinder an sich, sondern auch das Kindliche in uns selbst, sowie die Kreativität und Spontaneität zählen, ähnliche Qualitäten im Haus haben, wie das Thema des Wissens und des geistigen Reichtums. Diese beiden Bereiche sind also ebenso miteinander verknüpft, wie die beiden vorigen Lebensthemen Partnerschaft und Wohlstand.“
“Heißt das, unser Kind wird schlau sein?“ warf Gisela dazwischen.
„Mit der Intelligenz eures Kindes hat es nichts zu tun. Vielmehr geht es darum, den Kinderwunsch ehrlich und offen in sich zu tragen. Familiengründung ist eine einschneidende Entscheidung und sollte wirklich

reifen. Diese Reife zu erreichen, das können wir durch die optimale Gestaltung der Räume unterstützen."
Das Ehepaar wirkte in sich gekehrt. Germa's Worte brachten sie zum Nachdenken. Mehr beabsichtigte er auch nicht. Horst und Gisela waren sich der Reichweite ihrer Entscheidung sicher bewusst.

„Germa, jetzt habe ich eine Frage", Horst wirkte recht entspannt, obwohl seine Zeit knapp bemessen war, „wie sind die Talente der Wohnung, wenn es um unsere Berufe geht. Das Thema ist mir sehr wichtig".
"Lieber Horst, ich kann dich beruhigen. Der Beruf, Karriere und alles, was damit zusammen hängt, hat in dem Haus einen guten Platz und steckt voller Power. Das Thema liegt im Eingangsbereich des Hauses und wird damit zu einem Dauerthema, weil ihr jedes Mal beim Verlassen des Hauses und beim Heimkommen durch das Thema durchgehen werdet. Das dürfte für euch aber auch jetzt schon ganz normal zu sein, denn ihr hängt beide sehr stark an eurer Arbeit."
"Das beruhigt mich", sagte Horst, „denn, dass der Beruf ein Dauerthema für uns ist, das ist nichts Neues. Wir lieben halt unsere Arbeit. Toll, dass das Haus uns da unterstützen wird. Der Eingang, so wie ich es sehen kann, liegt aber auch noch in einem anderen Bereich. Was sind „Hilfreiche Menschen"?"

„Der Nordwesten steht für alle Aspekte der Hilfe. Das heißt Hilfe erwarten, Hilfe nehmen aber auch Hilfe geben und selbst für andere hilfreich sein. Nimm z.B. deinen Beruf: als Berater bist du ein hilfreicher Mensch für deine Kunden, weil du sie bei ihren finanziellen Angelegenheiten fachkundig unterstützt."
"Also, wenn ich meinen Kunden super Anlagentipps gebe, dann bin ich das Thema. Aber gilt das auch, wenn ich mir von Kollegen oder guten Informanten selbst Tipps hole? Sind die Leute dann die hilfreichen Menschen für mich?" fragte Horst unsicher. "Horst, das hast du ganz richtig erfasst". Germa war froh, dass Horst selbst auf das Thema zu sprechen kam. Auch dieses Thema hat in eurem Haus eine Verknüpfung zum anderen Bereich. Das ist der Süden, der für Popularität, Kontakte nach außen, Ruhm und gesellschaftliche Stellung steht. Deshalb kann

man sagen, dass die Hilfe sich stets mit „Erfolg im Rampenlicht" verbündet."
"Nun hoffentlich kommt dabei was Gescheites raus. Einen guten Finanztipp kann ich immer gut gebrachen", sagte Horst und klatschte freudig in die Hände.
"Horst, mache langsam. Du weißt ja, nicht alle Talente der Wohnung sind wünschenswert. Die beiden Themen hier zählen leider dazu. Ich sehe es wie eine blinkende Warnlampe, die immer dann aufleuchtet, wenn du auf das falsche Pferd setzen willst. Das Haus hat tolle Potentiale in Bezug auf den Beruf, auch Partnerschaft und Wohlstand fördern eure Entwicklung. Nur die Hoffnung auf einen sicheren Tipp zum schnellen Ruhm kann ich dir nicht geben. Du hast die Chance aus eigener Kraft viel zu erreichen. Verlasse dich nicht auf fremde Hilfe und überlege alle Entscheidungen sehr gründlich. Lasse dich nicht vom Ruhm und Erfolg blenden."
Horst lauschte ziemlich betroffen Germas Worten und Giselas Mundwinkel verzogen sich nach unten. Sie fragte recht bestürzt: „Aber können wir da nichts machen? Vielleicht einen Brunnen aufstellen oder diese Münzen aufhängen. Das soll doch alles ganz gut helfen."
"Gisela", Germa unterdrückte nur mit Mühe ein breites Grinsen, „hier geht es nicht um irgendwelches klimpernde Dekozeug. Viel wichtiger ist es, die Zusammenhänge zu verstehen. Diese beiden Bereiche sind wie eine Ampel an der Kreuzung. Man respektiert sie, hat aber keine Angst vor ihr. Mit Respekt behandelt, wird sie sogar zum richtigen Wegweiser. Gleich besprechen wir, wie die Räume zu gestalten sind, damit die Raumatmosphäre euch am besten unterstützt, mit dem Thema fertig zu werden."
"Ich habe noch nie an das Klimbimzeug geglaubt, das mir Gisela immer wieder in den Büchern zeigte. Gut, dass wir es im Haus nicht brauchen." Horst hatte eindeutig keine Lust auf die Diskussion um Dekorationen. Sein Gesichtsausdruck war sehr ernst. „Germa, ich habe das jetzt so verstanden: Die Talente der beiden Bereiche sind wie zwei schlafende Kampfhunde. Wenn ich aufpasse und sie nicht wecke, dann tun sie mir nichts. Fange ich aber an, nach ihnen zu rufen, dann beißen sie zu. Die Gestaltung der Räume wird wie ein Schlafmittel wirken, damit sie noch tiefer und ruhiger schlafen. Stimmt das so ungefähr?"

Germa fiel ein Stein vom Herzen: „Horst, perfekt! Ich hätte es nicht besser erklären können. Du hast es auf den Punkt gebracht. Die Zeit rennt und ich will gerne noch das letzte Thema ansprechen, bevor du gehen musst."
"Ja, klar, leg' los", willigte Horst ein.
"Das Beste kommt zum Schluss", fing Germa an. „Wir haben noch nicht über den Osten und das Thema Familie gesprochen. Mit Familie meine ich nicht nur euch beide und euren künftigen Nachwuchs, sondern die gesamte Verwandtschaft auf beiden Seiten. So gesehen, zähle ich auch mit dazu. Da habe ich auch Glück gehabt, denn das Thema ist in eurem Haus am günstigsten belegt. Euer Familienleben wird sehr günstig unterstützt."
Die Bestürzung ist aus Giselas Gesicht wieder gewichen. „Mit welchem Thema hängt die Familie zusammen? Bisher hingen doch immer zwei Themen zusammen?"
"Gut beobachtet, Gisela. Das Thema der Familie hat aber in eurem Haus völlig unabhängig von den anderen Themen seinen Platz gefunden. Ist das nicht eine schöne Ausgangsbasis, sich auf die Familie in allen Lebenslagen verlassen zu können?", antwortete Germa mit einer Gegenfrage.
Bevor Gisela zu Wort kam, fügte Horst hinzu: „Das war ein schönes Schlusswort für mich. Ich muss jetzt leider gehen. Ihr werdet beide die Raumgestaltung schon richtig besprechen. Germa weiß, was er tut."
"Schade, dass du gehen musst. Rufe mich einfach an, wenn sich für dich noch Fragen ergeben. Wir bleiben sicher in Kontakt. Ich bin ja schon heute neugierig, wie denn euer Schmuckstück fertig aussehen wird. Ich bekomme doch sicher eine Einladung zur Einweihungsparty, oder?", Germa scherzte zum Abschied.
"Na klar, du gehörst doch zur Familie und ich bin echt froh, dass wir deine Beratung in Anspruch genommen haben. Du hast mir viel Stoff zum Nachdenken geliefert. Das wird noch einige Zeit in mir arbeiten. Danke dir dafür. Doch jetzt muss ich los. Gute Zeit für dich und lasse mal wieder von dir hören."
"Mach's gut Horst und viel Erfolg im Job. Wir sehen uns sicher bald wieder.", erwiderte Germa und drückte herzlich Horsts Hand zum Abschied.

„So Gisela, hast du zu dem, was ich bisher erläutert habe, noch Fragen?“ fragte Germa, nachdem Horst die Wohnung verlassen hatte.
“Fragen direkt nicht, aber ich bin ein wenig durcheinander. Ich dachte nie, dass Feng Shui so komplex und aussagekräftig sein kann. Alles, was ich bisher gelesen und gesehen habe, drehte sich immer nur um irgendwelchen komischen Schnickschnack und fast magisch anmutende Handlungen. In einer Fernsehsendung wurden mit goldener Farbe bemalte Steine im Garten verteilt, damit der Reichtum ins Haus kommt. Und in einem Buch stand, dass Mandarinenten das Liebesleben verbessern. Was ist denn davon zu halten? Wie kann ich erkennen, was sinnvoll und was Blödsinn ist?“ Giselas Hilflosigkeit war offensichtlich.

„Das Thema ist zu komplex, um es jetzt näher zu besprechen. Ich gebe dir einen Rat:, gehe an alles, was du zu Feng Shui erfährst, mit gewisser Skepsis und einer Portion gesundem Menschenverstand heran. Befolge nie irgendwelche Regeln, die sich für dich nicht gut anfühlen oder die dich zu irgendetwas verpflichten. Feng Shui basiert auf dem Prinzip von Yin und Yang, das heißt auf der permanenten Wechselwirkung zwischen zwei Polaritäten. Da diese Polaritäten sich im steten Wandel befinden, kann es einfach keine starren und dogmatischen Regeln geben, die immer und für alle, entweder nur gut oder nur schlecht sind. Alle Regeln und Empfehlungen müssen der individuellen Raumsituation entsprechen, und was in einem Raum günstig ist, kann in einem anderen genau verkehrt sein. Ihr habt schon den richtigen Schritt gemacht, indem ihr euch mit diesem Thema an mich als Fachmann in Sachen Feng Shui gewandt habt. Viele Leute nehmen an, ein wenig Möbelrücken und einige wenige Accessoires reichen für Feng Shui aus und sparen sich deshalb eine Beratung. Das gewünschte Ergebnis bleibt leider aus und schon heißt es: Feng Shui taugt nichts. Aber lass uns doch wieder zu eurem Häuschen zurückkehren. Wir haben noch eine Menge zu besprechen“. Germa versuchte, das Gespräch wieder in die gewünschte Bahn zu lenken.

„Das machen wir. Doch zuerst koche ich uns einen Kaffee. Eine kurze Pause haben wir uns beide verdient.“, sagte Gisela und verschwand in der Küche.

In der Zwischenzeit sortierte Germa die Unterlagen auf dem Tisch so, dass jetzt die Seiten mit den Empfehlungen zur Gestaltung der Räume ganz oben lagen. Obwohl er sich bei Horst und Gisela sehr wohl und freundlich aufgenommen fühlte, wollte er recht zügig zum Ende der Beratung kommen. Die Zeit, die er hierfür brauchte, war seine Arbeitszeit. Dabei sollte er auch die Wirtschaftlichkeit seiner Tätigkeit nicht ganz aus den Augen verlieren. Das Kaffeekochen dauerte nicht lange. Wahrscheinlich lag das an Giselas Neugier auf das weitere Gespräch.

„Gisela, wir haben uns bisher sehr genau eure Lebensthemen und Ziele im Vergleich zu den Talenten des Hauses angeschaut. Dabei haben wir festgestellt, dass die einzelnen Bereiche entweder zu unterstützen oder zu optimieren sind. Die guten Talente sollen gestärkt und die weniger guten entsprechend „am Schlafen" gehalten werden. Um das zu erreichen, benötigen die Räume eine gezielte Gestaltung, denn Formen, Farben und Materialien machen den Charakter der Räume aus. Bei der Ausarbeitung meiner Empfehlungen habe ich mich bemüht, eure Farbvorlieben und selbstverständlich euer ästhetisches Empfinden zu berücksichtigen. Gehen wir doch einfach alle Räume wie bei einer Wohnungsbesichtigung durch. Dabei erläutere ich meine Vorschläge. Auf den Seiten mit der schriftlichen Dokumentation habe ich das Wichtigste zu den Empfehlungen aufgeschrieben, damit ihr beim Einrichten alles leicht nachschlagen könnt. Gerne kannst du dir noch weitere Notizen machen, um dich später besser an unser Gespräch erinnern zu können.
Wollen wir mit dem Eingang und der Diele beginnen?"

„Das ist mir recht. Ich bin sehr gespannt!", freute sich Gisela auf Germas Ausführungen.

„Wie du auf dem Plan erkennen kannst, müssen wir im Eingang und in der Diele zwei Himmelsrichtungsbereiche berücksichtigen. Die Qualität und die Themen sind unterschiedlich, so dass die Einrichtung beiden Anforderungen gerecht werden sollte. Ich schlage vor einen unempfindlichen Stein- oder Fliesenboden in Grau, hell oder dunkel bis hin zu Anthrazit vor."

Gisela fragte dazwischen: „Interessant, wir haben schon an einen grauen Marmorboden gedacht. Ginge das auch?"

„Ja, klar, solange ihr in grauen Farbtönen bleibt. Beige Marmor würde hier die unschönen Talente eher wecken."

„Nein, das wollen wir nicht und grau gefällt uns ohnehin besser. Und die Wände?"

Germa nahm aus seiner Tasche einige Prospekte zur Farbgestaltung und einen Farbfächer heraus. „Der Raum ist recht eng und klein. Starke Farben würden ihn noch mehr verengen. Deshalb sind hier weiße Wände eine gute Wahl. Damit Weiß nicht zu langweilig wirkt, habe ich dir hier einige Anschauungsmuster von modernen weißen Farben gebracht. Schaue dir doch mal diese Satinfarbe oder die Farbe mit den Perlmutteffekten an".

Gisela betrachtete sehr interessiert die Prospekte. „Ich wusste gar nicht, dass es heute solche Farben gibt. Das gefällt mir sehr. Einfaches Weiß möchte ich ehrlich gesagt nicht haben. Diese Farben sind auch weiß, doch mit den speziellen Effekten wirken sie ganz edel und auch lebendig."

„Das freut mich. Die restlichen Gestaltungs- und Dekorationselemente könnt ihr dem Stil anpassen. Vielleicht mögt ihr ja eine Metall-Garderobe und die Beleuchtung dürft ihr auch nicht vergessen. In denselben Himmelsrichtungsbereichen befinden sich auch die beiden Bäder. Deshalb könnte der Einrichtungsstil hier ganz einfach übernommen werden. Habt ihr euch schon Gedanken über die Bäder gemacht?" fragte Germa.

„Nicht wirklich, für mich ist nur wichtig, dass wir beide Bäder gleich gestalten können. Ich habe jedenfalls keine Lust, auch noch Handtücher oder Zahnputzbecher nach Farben sortieren zu müssen. Für Horst sind Bäder reine Nutzräume. Wie sie aussehen, ist ihm, glaube ich, ziemlich egal. Ausgefallene Wünsche werden wir uns aus Kostengründen ohnehin

nicht leisten können. Deshalb bleiben wir wahrscheinlich bei zeitlosem Weiß, zusammen mit verchromten Wasserhähnen.
Wenn ich dich aber richtig verstanden habe, könnten wir hier auch denselben Boden wie in der Diele nehmen, oder?"

„Das ist richtig. Klassische und zeitlose Bäder in Weiß-Grau sind eine gute Lösung.
Nehmen wir jetzt die beiden Zimmer mit den Vorräumen. Eins von beiden muss ja zum Schlafzimmer werden. Ich empfehle euch dafür das Zimmer zum Garten. Es ist sehr ruhig und mit direktem Zugang zum größeren Bad. Das Bett kann so aufgestellt werden, dass es von hinten durch die Wand geschützt ist. In der Skizze kannst du sehen, wie ich es meine. Um gut schlafen zu können ist eine ruhige, erholsame Raumatmosphäre wichtig. Das Fenster leitet die Energie des Nordens hinein, so dass das Zimmer keine oder kaum Sonne bekommt. Die Einrichtung sollte diese Stimmung aufgreifen und nicht kaputt machen. Dementsprechend wären hier kühlere blau-graue Farbtöne sinnvoll. Die Wand hinter dem Bett könntet ihr z.B. in einem kräftigeren Blau streichen. Die restlichen Wände bekommen dann ein zartes, nur leicht angedeutetes Blau oder Grau. Wie sehen denn eure Schlafzimmermöbel aus?"

„Das alte Bett nehmen wir nicht mehr mit. Am liebsten würden wir uns eine ganz neue Einrichtung kaufen, müssen aber noch Kassensturz machen, wenn das Gröbste fertig ist.", antwortete Gisela mit träumerischem Blick.

„Wenn ihr neue Möbel kauft, dann achtet bitte drauf, dass sie nach Möglichkeit eher weiche, fließende Formen haben und nicht kantig-astig wirken."

„Ja, das leuchtet mir ein. Aber welchen Boden legen wir hier rein? Wir hätten am liebsten denselben Boden in allen Zimmern aber keine Fliesen, weil die ohne Fußbodenheizung zu kalt wären."

„Fliesen oder Steinboden würde ich euch auch nur im Eingang und den Bädern empfehlen. In den Zimmern passt ein heller Holzfußboden am

besten. Sein Eigencharakter sollte aber nicht zu dominant wirken, weil es die weiteren Gestaltungsmöglichkeiten sehr einschränkt. Ob ihr Dielen oder Parkett nehmt, spielt eine untergeordnete Rolle. Geht dabei ganz nach eurem Geschmack vor.
Im Schlafzimmer könntet ihr zusätzlich noch einen Teppich oder Läufer legen, der Gemütlichkeit wegen. Die Farbe des Teppichs sollte mit der Farbe der Akzentwand korrespondieren. Hast du noch Fragen zum Schlafzimmer?"

Gisela dachte kurz nach und antwortete: „ich habe mir gerade das Schlafzimmer vorgestellt. Ich muss sagen, von alleine wäre ich nie auf ein blaues Zimmer gekommen. Doch die Vorstellung wird mir immer sympathischer. Ich bin gespannt, was Horst dazu sagen wird. Mehr Fragen habe ich im Moment nicht. Gehen wir einfach weiter."

„Das andere Zimmer, zur Straße, wird irgendwann sicher zum Kinderzimmer werden. Vorläufig, denke ich, werdet ihr das Zimmer eher als Gästezimmer nutzen, oder?" Germa wollte sicher sein, dass ihn hier keine Überraschungen erwarteten.

„Ich hoffe sehr, dass wir bald ein Kinderzimmer brauchen. Deshalb habe ich mir keine anderen Gedanken zu dem Zimmer gemacht. Wir stellen dort vielleicht ein Gästebett rein und ich werde mich nach Kinderzimmermöbeln umschauen. Das aber erst in aller Ruhe, wenn wir hier wohnen."

„Gut, dann brauchen wir auch keine Details zu besprechen. Du kannst in der Aufstellung meine Vorschläge nachlesen.
Jetzt die Küche. Du erinnerst dich noch sicher, dass die Küche in dem äußerst vorteilhaften Bereich liegt und mit der Familie in Verbindung steht. Damit passt auch die Raumnutzung zum Thema. Für das Wohlergehen der Familie zu sorgen geht wie im Sprichwort schließlich über den Magen."
"Ja, ja," warf Gisela ein, „auf Horst trifft das sehr gut zu. Wobei er sich auch selbst gerne ab und zu in die Küche stellt und etwas Leckeres

zubereitet. Der Raum ist für uns beide wichtig. Die Küche werden wir auch recht bald bestellen müssen."
"Dem steht nichts im Weg. Die Küche braucht Sonne und Wärme. Deshalb wäre eine funktionelle Küche in lebhaften, sonnig-warmen Farben genau das richtige. Ihr könntet hier die mediterrane Stimmung des Südens herzaubern. Für den Boden kann auch der Holzboden genommen werden oder ihr legt aus praktischen Gründen eher Fliesen. Dann aber bitte nicht mehr den grauen Marmor, sondern farblich passende, z.B. warme Terrakotta -Fliesen." Germa hoffte Giselas Geschmack getroffen zu haben.

„Wunderbar, ein sehr schöner Vorschlag. Ich bin sicher, Horst wird ebenfalls begeistert sein. Am liebsten würde ich sofort losgehen, um eine Küche auszuwählen."

„Warte noch ein wenig", bremste Germa Gisela aus, „lasse uns noch das Wohnzimmer besprechen und dann bin ich auch schon fertig.
Das Wohnzimmer ist ein großer Raum, in dem verschiedene Bereiche und Einflüsse zusammen treffen. Deshalb brauchen wir hier eine Kompromisslösung, die auf die wichtigsten Belange abgestimmt ist. Bevor ich dir lange meine Vorschläge erkläre, habe ich hier ein Bild aus einem Prospekt mitgebracht. Auf dem Bild ist zwar nicht euer Wohnzimmer zu sehen, aber du kannst drauf die Art von Einrichtung und Gestaltung, die ich meine gut erkennen."

Germa reichte Gisela ein Bild, auf dem ein Wohn-/Esszimmer abgebildet war. Die Stimmung des Raumes war frisch, aber ruhig, gemütlich und doch eine gewisse Distanz wahrend. Das fachliche Auge erkannte sofort und eindeutig die Einflüsse der Wandlungsphasen Holz und Metall. Germa war sehr gespannt, wie Gisela auf den Vorschlag reagieren würde.

„Ein schönes Bild," begann sie, ein wenig reserviert zu sprechen. „Aber meinst du wirklich, dass das hier passt? Es sieht so edel und modern aus." Ihre Anmerkung bezog sich vor allem auf die Dekoration des Raumes. Sie enthielt recht viel Edelstahl. „Die frische, zartgrüne Farbe an der einen Wand, kombiniert mit dem glänzenden Weiß der restlichen Wände", fuhr sie fort, „und die lockere Verteilung der Möbel gefallen mir sehr. Einen runden Esstisch wollen wir ohnehin haben, und unsere Sitzgarnitur ist bereits weiß-grau, fast so wie auf dem Bild. Der ovale Teppich unter dem Esstisch wirkt auch sehr gemütlich. Nur die vielen Edelstahlvasen und das komische Hochglanz-Schränkchen für die Musikanlage sind gar nicht mein Geschmack."

„Gisela, es ist nur ein Beispiel. Es geht nicht darum, alle Details zu übernehmen, sondern die Grundstimmung des Raumes einzufangen," Germa versuchte, den Zweck des Bildes nochmals zu verdeutlichen.
"Mir fehlen hier Pflanzen. Wir haben sehr gerne Zimmerpflanzen. Vor allem unsere große Zimmerfeige kommt mit." Gisela hatte gar nicht auf Germas Aussage geachtet. Sie plante vor ihrem geistigen Auge bereits die Wohnzimmereinrichtung.
"Schaue bitte auf die Möblierungsskizze, die ich für euch vorbereitet habe. Das Blümchen hier soll eine Zimmerpflanze darstellen. Die braucht ihr an dieser Stelle, um den Esstisch ein wenig zu schützen und gemütlicher zu machen. Die Feige mit ihren angenehmen, rundlichen Blättern würde hier super passen." Ohne es vorher beabsichtigt zu haben, plante Germa nun sogar die Zimmerpflanzen mit ein.
"Das ist gut." Gisela war erleichtert, dass ihre Lieblingspflanze einen Platz finden würde. „Dort wird sie auch genau das richtige Licht haben. Hoffentlich wächst sie uns nicht noch weiter, sonst passt sie gar nicht mehr rein. Aber lassen wir die Sorgen - jetzt kann ich mit deiner Einrichtungsidee richtig gut leben. Bei Dekorationen und anderen Kleinigkeiten kann ich dich sicher noch anrufen"
"Selbstverständlich kannst du das, jederzeit. In ein paar Tagen fahre ich noch mal zu meinem Meister Chi, doch in wenigen Wochen komme ich wieder in die Heimat zurück. Dann wird es auch leichter für euch, mich zu erreichen.
Schön, damit wären wir am Ende meiner Beratung angekommen. Bitte werfe noch einen Blick in die Unterlagen. Ist alles soweit klar für dich? Sind meine schriftlichen Ausführungen verständlich?"

Gisela blätterte aufmerksam den Papierstapel durch. Hier und da schien ihr Blick zu stocken, doch als sie alle Seiten durchgeblättert hatte, war sie im Großen und Ganzen damit zufrieden.

“Deine Unterlagen sind sehr übersichtlich. Ich komme mit ihnen gut klar. Fragen habe ich zwar viele, aber nicht direkt zu unserem Haus. Deine Beratung war sehr ausführlich, danke dir dafür.“

„Welche Fragen hast du denn noch an mich?“, fragte Germa neugierig.
“Zu Feng Shui natürlich! Deine Art, Feng Shui anzuwenden, ist so ganz anders als ich mir es vorgestellt habe. Mit dieser Art komme ich auch viel besser klar. Die Bücher, die ich gelesen habe, haben mich eigentlich immer ziemlich verwirrt. Der Zusammenhang war mir nicht immer ersichtlich. Jetzt habe ich richtig Lust bekommen, mehr zu erfahren. Kannst du mir ein gutes Buch oder eine Ausbildung empfehlen?“
“Weißt du, ich bin sehr lange Zeit auf Reisen gewesen. Die Bücher kenne ich gar nicht wirklich. Ich habe sie selbst zum ersten Mal am Flughafen gesehen, als ich hergekommen bin. Ich kenne mich hierzulande noch nicht so recht aus, da kann ich dir zu möglichen Ausbildungen auch noch nicht viel sagen. Wenn ich wieder da bin, und mir einen Überblick verschafft habe, melde ich mich wieder bei dir. Bis dahin habt ihr ohnehin jede Menge mit dem Haus zu tun. Für Feng Shui brauchst du aber Zeit und einen freien Kopf. Hebe dir das Thema lieber für später auf.“

„Du hast Recht. In den nächsten Monaten steckt jede Minute unserer Freizeit im Hausprojekt. Ich vergesse dein Versprechen nicht. Irgendwann kommt eine Zeit, in der ich mich Feng Shui widmen kann.
Darf ich dich zumindest noch zum Mittagessen einladen?“

„Vielen herzlichen Dank, Gisela. Doch auch meine Zeit wird langsam knapp. Vor dem Abflug will ich unbedingt noch ein Paar Kleinigkeiten erledigen. Bitte verstehe das“. Die Einladung auszuschlagen fiel Germa nicht leicht, denn in seinem Magen herrschte gähnende Leere. Ihm war aber klar, dass auch beim Essen sich das Gespräch um Feng Shui und das Haus drehen würde. Doch in diesem Punkt war sein Bedarf gedeckt. Er brauchte jetzt Zeit für sich, zum Ausspannen und Nachdenken. Die

Beratung kostete ihn ziemlich viel Energie, mehr als er vorher gedacht hätte.

“Kein Problem, Germa. Ich verstehe dich. Also danke nochmals - und guten Flug wünsche ich dir. Komme gesund wieder.“

“Tschüß Gisela, ich wünsche euch gutes Gelingen und viel Glück. Grüße Horst von mir.“

Die Wohnungstür schnappte hinter Germa zu. Er atmete tief ein und spürte eine unbeschreibliche Erleichterung, seine erste Beratung geschafft zu haben.

Von Hausmitteln und Heilmitteln

Nach der erfolgreichen Beratung bei Horst und Gisela blieb Germa noch für ein paar Tage in der Heimat. Seine Neugier über die Anwendung von Feng Shui in der westlichen Welt war sehr groß. Aus Zeitmangel beschränkte er sich jedoch auf das Durchblättern mehrerer Bücher und ein kurzes Reinlesen in das Thema. Es überraschte ihn auch, dass Feng Shui oft als „Produkt" verkauft wurde. In der Palette der so genannten „Feng Shui Hilfsmittel" fand er zu seiner Überraschung die ganze Bandbreite von Gegenständen des täglichen Gebrauchs bis hin zu Nachbildungen diverser „Götter". Germa brütete nachdenklich vor sich hin. Warum erzählte Meister Chi ihm bis jetzt nichts von speziellen Hilfsmitteln? Verschwieg er ihm etwa wichtige Geheimnisse? Germa war ein wenig verunsichert und beschloss, mit seinem Meister offen darüber zu sprechen.

Die Rückkehr in das Land des Meisters bedeutete Germa sehr viel. Das Land war auch zu seinem Zuhause geworden. Das merkte er sehr deutlich, als er vor dem Haus des Meisters stand. Sein Herz überkam plötzlich ein Gefühl von Wärme und Herzlichkeit. Er fühlte sich frei und offen. Seine Mitte glich dem Tai Chi: leer und in sich ruhend, bereit, zu allem zu werden und die Kraft der unendlichen Möglichkeiten ausstrahlend.

Komisch, in seiner Heimat spürte er dieses Gefühl kaum. Es war durch die allgemeine Hektik und den Leistungsdruck der Beratung sehr stark unterdrückt. Ihm wurde plötzlich klar, er war kein wirklich guter Berater, solange das Gefühl des offenen Herzens durch andere Empfindungen überlagert wurde. Das Handwerk zu beherrschen war eindeutig eine Sache des Kopfes, mithilfe des Handwerks jedoch einen anderen Menschen auf seinem Lebensweg ein Stück zu begleiten, gehörte eindeutig in die Kompetenz des Gefühls und des Herzens. Gefühl und Herz dürfen sich dem Kopf nie beugen. Weder der Kopf alleine noch Herz und Emotion ohne Verstand schafften es, Feng Shui auf allen seinen Wirkungsebenen zu entfalten. Nur wenn beide Seiten sich als eine Einheit verstanden und auch so handelten, öffnete sich der wahre Weg der Erkenntnis.

Germa stand noch in Gedanken versunken vor dem Haus des Meisters, als plötzlich die Tür aufging und Meister Chi höchstpersönlich vor ihm erschien. Das überraschte Germa, weil er noch gar nicht an die Tür geklopft hatte. Meister Chi begrüßte den verdutzten Schüler: „Ich freue mich, dich wieder zu sehen. Aber warum schaust du mich so verwundert an?"

„Ich grüße dich, Meister Chi. Woher wusstest du, dass ich vor der Tür stehe?" antwortete Germa ein bisschen verdattert.

„Das wusste ich gar nicht, ich wollte gerade einen kurzen Spaziergang machen und bin deshalb herausgekommen."

Germa kam wieder zu sich. Er schwebte derzeit viel zu sehr in philosophischen Sphären, als dass ihm diese einfache und pragmatische Erklärung in den Sinn gekommen wäre. Er hätte eher erwartet, dass Meister Chi ihm von übersinnlicher Vorahnung oder Ähnlichem erzählen würde. Ja, manchmal waren die Dinge einfacher als man glaubt.

„Das trifft sich gut. Nach dem langen Sitzen während der Reise vertrete ich mir gerne die Beine. Darf ich dich begeleiten?", fragte Germa.

„Aber sicher. Ich muss zugeben, unsere gemeinsamen Spaziergänge haben mir gefehlt. Lass uns gehen."

So gingen sie beide, Schulter an Schulter, den schmalen Weg entlang. Schweigend verständigten sie sich auf das Ziel des Weges. Ihr Lieblingsbaum befand sich schon in Sichtweite.

Unter dem Baum angekommen fragte Germa: „Bist du gar nicht neugierig, wie es mir bei der Arbeit ging und wie ich mit dem Fall fertig geworden bin?"

„Lieber Germa, du stehst gesund und munter vor mir, also ist dir unterwegs nichts Schlimmes zugestoßen. Du strahlst und wirkst ganz aufgeregt, also hast du Interessantes zu berichten. Das wirst du auch tun, egal ob ich dich frage, nicht wahr?“ Meister Chi wirkte wie immer sehr ruhig und in der eigenen Mitte gefestigt. Er konnte jedoch sein amüsiertes Schmunzeln nicht verbergen.

„Du hast Recht, ich platze beinahe vor Aufregung, dir alles erzählen zu wollen. Also, kurz nachdem ich angekommen bin, begann ich mit der Arbeit. Meine Verwandten holten mich ab und... “, aus Germa sprudelte es nur so heraus. Er berichtete sehr genau über das Projekt, seine Verwandten, die Berechnungen und das Beratungsgespräch. Meister Chi unterbrach ihn kein einziges Mal.

„Und was meinst du zu meiner Leistung? Habe ich meine Feuertaufe bestanden?“, Germa wollte unbedingt die Meinung des Meisters erfahren.

„Das Ganze klingt sehr interessant für mich. Obwohl ich dein Land kenne, kommt mir deine Erzählung ein wenig fremdartig vor. Die Probleme und Sehnsüchte der Menschen in deiner Heimat unterscheiden sich sehr stark von den Angelegenheiten, mit denen ich zu tun habe. Umso erfreulicher ist es für mich, dass auch in solchen Fällen meine Lehre nützlich und hilfreich sein kann.“ Meister Chi unterbrach kurz seine Ausführungen und schaute Germa direkt an. „Du hast begriffen, dass man unsere Lehre nicht blind und ohne Rücksicht auf die Individualität des Lebens in einem anderen Land übernehmen kann. Wichtig ist, das Wesentliche, die Kernaussage der Lehre zu begreifen und sie an die Gepflogenheiten der Menschen im jeweiligen Land anzupassen. Bei der Beratung bist du genau so vorgegangen. Das war gute Arbeit.“

Germa war gerührt und stolz zugleich. Die Worte des Meisters bedeuteten ihm sehr viel. Er begriff, dass er seine „Feuertaufe“ auch in den Augen des Meisters bestanden hatte. Doch statt sich darüber zu freuen, sein Ziel erreicht zu haben, überkamen ihn Zweifel und eine plötzliche Traurigkeit. “Danke, Meister, “ sagte er, „ich habe nun also meine Prüfung bestanden.

Heißt das jetzt, dass meine Lernzeit vorbei ist und unsere Wege sich trennen werden?“

„Es sieht so aus, Germa.“ Auch in der Stimme des Meisters schwang ein wenig Traurigkeit mit. „Lernen alleine genügt nicht. Erst die praktische Umsetzung des Gelernten kann dein Können bestätigen. Ich denke, du bist so weit.“

„Ja, auch wenn ich es nicht wahr haben will, die Zeit, selbständig zu handeln, ist gekommen. Ich werde bald in meine Heimat zurückkehren und das Gelernte anwenden.“ Germa wurde sich der ganzen Tragweite seiner Entscheidung bewußt. Zu seiner Überraschung verspürte er keine Angst vor der beruflichen Zukunft.

„Bevor ich aber abreise, möchte ich gerne mit dir noch ein sehr wichtiges Thema besprechen. Hast du noch Zeit für mich?“, fragt Germa und hoffte auf eine bejahende Anwort.

„Du wirst sicher nicht gleich wieder heute abreisen. Ich habe heute noch ein wenig zu tun, doch morgen früh können wir uns treffen und dein Thema besprechen. Jetzt muss ich aber zurück. Die königliche Familie wartet schon auf mich“, antwortete Meister Chi und wandte sich zum Gehen ab.

„Danke, das ist mir sogar lieber, weil ich heute sehr müde bin. Also bis morgen.“

Germa begleitete seinen Meister bis zur Tür und kehrte in sein Quartier zurück, wo er mit einer bleiernen Müdigkeit sofort ins Bett fiel.

Als er am nächsten Tag am bekannten Treffpunkt ankam, wartete Meister Chi bereits auf ihm.

„Guten Morgen Meister Chi“, begrüßte ihn Germa. „Du bist schon da. Habe ich mich verspätet?“

„Guten Morgen Germa. Nein, du bist pünktlich wie immer. Ich wollte nur in Ruhe ein wenig frische Luft schnappen. Nun erzähl', was möchtest Du noch von mir erfahren?". Meister Chi wartete neugierig auf Germas Fragen.

„Ich erzählte dir doch gestern, dass in meinem Land auch so etwas ähnliches wie die Lehre, die du mich gelehrt hast, praktiziert wird. Noch hatte ich keine Zeit mich mit den Details zu befassen, doch es ist mir sofort aufgefallen, dass man anscheinend bestimmte Gegenstände braucht, um sie praktisch umzusetzen. Du hast mir nie etwas von solchen Heilmitteln erzählt. Die meisten Gegenstände, die ich dort gesehen habe, kenne ich hier nicht. Sie erinnern mich zwar an diverse Figuren und rituelle Gegenstände, die mir schon während unserer Arbeit begegnet sind, doch wozu sollen sie denn gut sein?"

Meister Chi hörte Germa sehr aufmerksam zu. „Da ich schon sehr lange nicht mehr in deinem Land zur Besuch war, kenne ich diese Dinge nicht. Beschreibe mir eins", sagte er zu Germa.

„Gerne, also am häufigsten habe ich kleine Spiegel gesehen, die in hölzernen, breiten Rahmen eingefasst und mit den Trigrammzeichen dekoriert waren. Manche Menschen hängen sie an ihre Eingangstüren oder auch in der Wohnung hin." Germa bemühte sich um eine bildhafte Darstellung.

„Spannend, was du da erzählst. Ich könnte mir denken, dass diese Spiegel an unsere alten, magischen Spiegel erinnern sollen. Doch die waren und sind alles andere als Dekorationsgegenstände. Willst du ihre Geschichte hören?", fragte Meister Chi.

„Ja, sicher. Bitte erzähle".

„Dabei geht es wie so oft bei magischen Gegenständen, um die Abwehr böser Kräfte. Um gegen das Böse zu kämpfen, benutzen Menschen Metall. Ein Schwert, ein Dolch oder eine andere Waffe dient der Verteidigung oder dem Angriff. Doch das funktioniert nur, wenn ein anderer Mensch oder ein anderes Lebewesen das Böse ist. Gegen Geister und schlechte Energie hilft ein Schwert nicht. Im Zyklus unser Wandlungsphasen kommt aber Metall zweimal vor. Einmal als Waffe und einmal als etwas Edles. Deshalb nahm man das edle Metall, um böse Energie abzuwehren. Dafür wurden magische Spiegel geschaffen. Um sie herzustellen benötigte man spezielle Bronze, die vom Priester geweiht wurde und nur für rituelle Gegenstände benutzt werden durfte. Aus der Bronze stellte man meist runde, leicht gewölbte Platten her. Manchmal gab es auch viereckige, achteckige oder sogar sternenförmige Platten, denen unterschiedliche Symbolik zugeschrieben wurde. Runde Platten standen für den Himmel und seine Kraft. Die nach außen gewölbte Seite der Platten wurde so fein poliert, dass sie wie ein Spiegel wirkte. Die Rückseite der Platten enthielt zahlreiche Motive, die rituelle Bedeutung hatten. Dazu zählten die Darstellungen der Trigramme in ihrer vorhimmlischen Reihenfolge."

„Ja, die sind auch immer auf den Spiegeln aus meiner Heimat abgebildet, aber immer nur auf der Vorderseite", warf Germa dazwischen.

„Die traditionellen Spiegel haben die Trigramme immer auf der Rückseite. Auf der Vorderseite würden sie ja die Wirkkraft des Spiegels blockieren", erklärte geduldig Meister Chi.

„Und wo wurden sie angewendet?", wollte Germa wissen.

„Man hing sie außen an der Wand oder an der Haustür auf, leicht schräg nach unten geneigt. Ein magischer Spiegel bewahrte das Haus vor dem Eintritt schlechter Energie, die durch die umliegenden Gebäude oder Landschaft verursacht wurde. Doch auch gegen böse Menschen sollten diese Spiegel gewirkt haben."

„Also", fasste Germa zusammen, „ein magischer Spiegel ist ein Schwert gegen schlechte Energie. Wirkt es immer und in jedem Land?"

„Du hast es treffend genannt. Mit der Wirkung ist so eine Sache. Was hier wirkt ist nicht die Platte an sich, sondern die Energie, die durch

Rituale, Materialauswahl und Segnung darin gespeichert wird. Es ist ein ritueller Gegenstand und Rituale müssen in der Tradition verwurzelt sein. Ohne ihre spirituelle Kraft wären auch die alten Spiegel höchstens für einen Frisiersalon gut."

„Aber bei uns kaufen die Leute dieses Zeug. Würden sie es auch tun, wenn sie wüssten, dass diese Dinge gar nicht wirken können?" Germa zweifelte noch ein wenig an der Aussage des Meisters. Die Vorstellung, einfach einen Zauberspiegel anbieten zu können, war schon reizvoll. Eine Beratung wäre dann um ein Vielfaches einfacher und schneller.

„Du kennst doch den Spruch – ‚Glauben versetzt Berge' – oder wie Wissenschaftler es nennen würden: einen Placebo-Effekt. Wenn man, wie in unserem Fall, einen Gegenstand und eine Wirkung verbindet und sich diese sehnlichst wünscht, dann schafft es die eigene Kraft der Vorstellung, genau diese Wirkung zu entfalten. Manchmal ist aber die eigene Kraft nicht stark genug und es bleibt bei einer Wunschvorstellung und diese hält nicht lange an. Außerdem sucht der Mensch gewöhnlich immer nach den schnellsten und einfachsten Lösungen. Was liegt näher, als ein Produkt zu kaufen und auf ein Wunder zu hoffen."

Germa wirkte sehr nachdenklich. Bisher hatte er sich wenig Gedanken über spirituelle Einflüsse gemacht. Er fand es sehr schade, dass alte Traditionen, die zur überlieferten Basis einer jeden Kultur gehören, durch Unwissen oder kommerzielle Interessen banalisiert und dadurch abgewertet und zerstört werden.

„Meister, heißt es also, dass ich in meinem Land auch rituelle Gegenstände oder Schutzsymbole, die im Kultur- oder Glaubensgut verwurzelt sind anwenden könnte?"

„Ja, sicher. Eine symbolische oder spirituelle Unterstützung kann immer in deine Arbeit mit einfließen. Diese Wirkungsebene lässt sich aber nicht durch das Aufhängen von willkürlichen Dekorgegenständen entfalten – es braucht die Verwurzelung in der Tradition deines Landes."

„Danke, jetzt wird mir einiges klar. Wahrscheinlich sind auch die anderen Accessoires nur reine Nachahmer-Produkte, die ohne die spirituelle Ebene völlig wirkungslos bleiben. Ich werde sie in meiner Arbeit nicht brauchen.“ Germa war froh, das Thema geklärt zu haben. Seine Neugier, noch mehr solche Symbole zu entschlüsseln, liess ihn jedoch immer noch nicht los.

„Bitte, erzähle mir noch mehr von der Kraft der Symbole in deiner Kultur. Vielleicht kann ich doch noch das eine oder andere übernehmen?“

Meister Chi lächelte: „Ja, da gibt es jede Menge spannende Geschichten. Du hast Glück, ich liebe es, sie zu erzählen und habe heute auch noch viel Zeit. Also gut“, begann er, „kennst du Kalebassen?“

„Kalle… was?“, Germa schüttelte mit dem Kopf, „Nein. Nie gehört“.

„Eine Kalebasse ist ein Flaschenkürbis. Eine Kürbisart, die Früchte in Form von doppelbauchigen Flaschen trägt.“, klärte ihn der Meister auf.

„Ach so, ja solche Dinge habe ich auch schon gesehen aber nur als Bestandteile von Trockengestecken im Herbst. Bei uns ist nämlich im Herbst eine echte Kürbiszeit.“

„Gut, dann weißt du wie sie aussehen. Sie wurden traditionell als Gefäße für wertvolle Arzneien, ja sogar Lebenselixiere benutzt. Als Gefäß dient ihre Form optimal. Doch nicht nur die Form, sondern auch das Fruchtfleisch junger Pflanzen hat heilende Wirkung. Unsere Mediziner verordnen sie bei Problemen mit Bronchien oder Lunge. Die Pflanze stärkt die Milz und unterstützt den Transport eigener Körperflüssigkeiten. Sie verhindert durch ihre austrocknende und schweißtreibende Wirkung Ödeme und Flüssigkeitsstau im Körper. Dieser eigentlich medizinische Wirkungsmechanismus wurde auch auf die Regulierung des Energieflusses im Raum übertragen. Selbstverständlich geht es hier um die symbolische Wirkung, die aber mit Hilfe der Trigramme nachvollzogen und erklärt werden kann. Deshalb kann sie auch ohne spirituelle Segnung und Rituale wirken.“

„Wie meinst du es mit den Trigrammen? Beschreibt das I Ging auch Kürbisse?“ Germa nahm an, dass Meister Chi sich einen Witz erlaubte.

„Germa, es ist kein Scherz. Vielleicht solltest du dich noch intensiver mit den Trigrammen beschäftigen. Ich erkläre es dir kurz. Eine Kalebasse wird in unserer Medizin der Wandlungsphase Erde zugeordnet. Das Trigramm Kun, auch Erde, hat einen engen Bezug zu Mutter, Mütterlichkeit und damit zum Bauch. Die Form einer Kalebasse kann als äußerst weiblich bezeichnet werden, nicht wahr?“

„Oh ja, sie hat echt weibliche Rundungen“, antwortete Germa mit einem Lachen.

„Ein kranker Bauch braucht Heilung. Wenn man im Trigramm Kun die zwei untersten Linien ändert, dann bekommt man das Trigramm Dui, das kleine Metall, das die Erde schwächt. In den alten Texten wird Dui auch als „eine Frucht, die an Ranken hängt“ beschrieben. Mediziner ordnen Dui und dem Metall wiederum die Lunge zu. So treffen sich beide Heilungswege zusammen. Dazu kommt die Entsprechung Dui dem Mund zu. So werden die Kalebassen geöffnet (Mund), damit die Energie (Luft in die Lunge) reinströmen kann. Im Bauch der Kalebasse wird sie geheilt und strömt wieder heraus. Eine Kalebasse ist also ein echtes Heilmittel für die Raumenergie.“ Meister Chi hoffte, dass seine Erklärung einigermaßen klar ausgefallen ist.

„Eine super spannende Geschichte!“, rief Germa. „Gibt es denn auch spezielle Anwendungsfälle für die Kalebasse?“

„Nun ja, sie ist und bleibt ein symbolisches Hilfsmittel. Überlege, wenn du mit den Sternenkombinationen arbeitest, welche haben mit den Trigrammen Kun und Dui zu tun?“ Meister Chi übernahm wieder seine Rolle des Lehrers.

„Kun ist 2 und Dui ist 7, also eine 2-7. In unserer Zeit ist sie auch noch echt ungünstig!“ antwortete Germa mit Stolz die Lösung gefunden zu haben.

„Richtig. Im Prinzip kannst du die Kalebasse immer dann anwenden, wenn der Stern 2 als Hauptstern wirkt, insbesondere als Bergstern. Aber bedenke bitte dabei, dass eine Kalebasse einen Raum noch nicht einrichtet! Um eine Analyse und Gestaltungsvorschläge kommst du dennoch nicht herum“, warnte ihn sein Meister.

„Ja klar, die Gestaltung muss schon stimmen, aber ein wenig mehr Hilfe kann ja nicht schaden“, reflektierte Germa.

„Nein, schaden kann eine Kalebasse nicht, solange sie nicht als reales Giftfläschchen dient“, antwortete Meister Chi mit einem breiten Grinsen.

Germa und Meister Chi waren so vertieft im Gespräch, dass sie gar nicht bemerkten, wie die Zeit verging. Die Sonne hatte schon längst ihren Höhepunkt überschritten und es war an der Zeit, eine Pause zu machen. Sie beschlossen, gemeinsam Essen zu gehen. Nach einem köstlichen Mahl saßen sie entspannt zusammen, als Germa fragte:

„Die Geschichten der Heilmittel sind sehr interessant. Ich würde so gerne noch viel mehr erfahren, doch das verschiebe ich lieber noch ein wenig. So habe ich einen wichtigen Grund, um dich wieder zu besuchen. In der Zwischenzeit kann ich meine Arbeit auch ohne Heilmittel ausführen. Die Rolle eines Möchtegern-Schamanen liegt mir gar nicht“.

„Deine Entscheidung ist sehr vernünftig. Mit dem Wissen, das du erworben hast, bist du bestens für die praktische Arbeit gerüstet. Wenn du dich auf den spirituellen Weg der Raumheilung machen möchtest, dann steht dir noch viel Lernzeit bevor. Dafür bin ich nicht der richtige Lehrer, aber ich könnte dir helfen, einen zu finden. Lasse es mich rechtzeitig wissen“, bot ihm Meister Chi Hilfe an.

„Danke, ich komme drauf zurück, doch das kann dauern. Eine Frage beschäftigt mich aber noch. Bei der Analyse des Hauses von Horst und Gisela hat mir die sehr ungünstige Sternenkombination 2-5, die zu allem Unglück auch noch doppelt vorkam, echtes Kopfzerbrechen bereitet.

Klar habe ich empfohlen, hier sehr viel Metall anzuwenden, doch könnte man nicht noch etwas Stärkeres machen, damit die Kombi kein Unheil anrichtet?"

„Diese Kombination ist tatsächlich sehr problematisch. Zur Optimierung wird eine sehr starke Metallenergie benötigt. Viele erfahrene Lehrer und Praktiker meines Fachs haben sich sehr lange damit beschäftigt, wie man Metall am wirksamsten in der Raumenergie erzeugen kann. Wie du schon weißt, wirkt Metall sehr stark durch seinen Klang, also durch seine Schwingung. Diese Schwingung wird unmittelbar an die Energie des Raumes abgegeben, die in Resonanz mit dem Metall geht. Das ist die Heilung. Deshalb gelten Glocken, Windflöten oder auch Metallklangschalen als gute Schwingungserzeuger. Sie haben nur einen Nachteil, man kann sie nicht dauerhaft erklingen lassen, ohne dass es uns stören würde. Hartes, aber ruhendes Metall, gibt seine Schwingung lediglich durch den Glanz und die Farbe an den Raum ab. Das kann manchmal nicht ausreichen, um eine Optimierung herbeizurufen. Also wurde ein Weg gesucht, um Metall zu aktivieren und seine Wirkung zu verstärken."

„Gibt es wohl so etwas ähnliches wie ein altes Hausmittel, wenn man Schnupfen oder Husten lindern will?", fragte Germa neugierig.

„Ja, so kann man das auch sehen. Dabei werden sowohl symbolische als auch rein physikalische Wirkungen genutzt. Die Wirkungsebene ist aber keine traditionell-spirituelle sondern rein empirische. Das heißt sie basiert auf der Beobachtung der Wirkung. Du kannst es gerne jederzeit ausprobieren, ohne den spirituellen Pfad betreten zu müssen. Aber Vorsicht, manchmal kann ein starkes Metall auch unangenehm sein, insbesondere dann, wenn ein Mensch gerade keine Metallenergie benötigt," warnte Meister Chi seinen Schüler.

„Aber woher weiß ich denn, ob jemand Metall verträgt?" fragte Germa verunsichert.

„Das kann entweder ein traditioneller Mediziner oder Astrologe herausfinden. Sie beherrschen Diagnostikmethoden, die dazu dienen, herauszufinden, welche Wandlungsphasen ein Mensch gerade benötigt und welche man lieber meiden sollte. Wenn diese Erkenntnis nicht vorliegt, dann bleibt nur übrig, auszuprobieren. Sobald man merkt, dass bis dahin unbekannte und unangenehme Symptome, Empfindungen oder Emotionen auftreten, dann ist es besser, das Hausmittel wieder zu entfernen."

„Ich verstehe, Vorsicht ist die Mutter der Porzellankiste, sagt man bei uns. Kannst du mir verraten, wie dieses Hausmittel herzustellen ist?" Bei der Frage hoffte Germa sehr auf eine positive Antwort. Hoffentlich ist es nicht so eine geheime Kunst, die nur den großen Meistern vorbehalten bleibt.

„Gerne, es ist kein Hokuspokus und die Zutaten findest du in jedem Haushalt. Also nehme zuerst ein rundes Gefäß aus Glas oder weißem Porzellan. Damit hast Du schon die Metallform und eventuell auch die Farbe."

„Warum nicht gleich ein rundes Metallgefäß nehmen?" unterbrach ihn Germa.

„Das würde unter Umständen zu einer unerwünschten chemisch-physikalischen Wechselwirkung mit dem Inhalt führen. Glas oder Porzellan verhalten sich chemisch-neutral. Fühle das Glas zu etwa 2/3 mit einfachem Kochsalz, ohne jegliche Zusätze. Salz, besser Steinsalz gesagt, wird im I Ging zusammen mit dem Trigramm Dui (Metall) als salzige Erde beschrieben. Damit ist Salz metallisch. Fülle dann das Gefäß mit Wasser auf und warte bis sich die Mischung beruhigt und wieder abgesetzt hat. Lege dann 6 gleiche, runde Metallstücke rein. Die Zahl 6 steht für das Trigramm Chien, das große Metall und die Form und Material entsprechen ihm ebenfalls."

„Was sollen es für Metallstücke sein?", wollte Germa genau wissen.

„6 ist das große Metall, das Juwel und die Münzen. Deshalb werden meistens Münzen dafür genommen. Ich finde nur Kupfermünzen nicht besonders geeignet, weil Kupfer zu feurig ist. Was glaubst du Germa, warum steht das Ganze unter Wasser?" Meister Chi wollte gerne prüfen, ob Germa seinen Gedanken folgen kann.

„Ich denke, das Wasser hilft, die Metallschwingung in den Raum zu transportieren. Es lässt das Salz mit dem Metall reagieren und durch die Verdunstung vermischt sich so die Metallschwingung mit der Raumenergie", antwortete Germa prompt.

„Das ist richtig, Glückwunsch zu deiner Kombinationsgabe. Das Wasser verdunstet und muss deshalb regelmäßig nachgefüllt werden. So ganz nebenbei hat man damit auch noch einen Luftbefeuchter, der besonders im Winter gute Dienste leistet. Beim Verdunsten des Wassers kriecht das Salz über den Rand des Gefäßes. Hier sind keine Geister am Werk, sondern reine Physik, die das aufgelöste Salz wieder kristallisieren lässt. Ab und zu muss man schon das Ganze erneuern, wieder Salz auffüllen und das Gefäß säubern."

„Und wo stelle ich es hin?"

„Dort, wo die 2-5 sich ausbreitet. Welcher der beiden der Hauptstern ist, spielt dabei kaum eine Rolle, wobei natürlich die 5 die bösere ist."

Germa nickte mit dem Kopf und wirkte dabei nachdenklich. „Spannend, spannend", murmelte er gedankenversunken vor sich hin. „Doch wie biete ich es meinen Klienten an, ohne dass sie mich für einen Zauberer halten?"

Master Chi lachte: „Bist du denn kein Zauberer? Du zauberst doch das Beste aus der Landschaft, den Häuser und Wohnungen. Aber ich verstehe, was du meinst. Gehe ganz offen damit um. Niemand braucht daran zu glauben, es kostet kaum etwas und ist schnell gemacht. Mache die Menschen einfach neugierig und motiviere sie, es einfach auszuprobieren. Im schlimmsten Fall leeren sie ihr Schälchen wieder aus, stecken die

Münzen in ihre Geldbörse und das Ganze ist vergessen. Je natürlicher und selbstverständlicher du es ansprichst, umso offener werden deine Klienten für Experimente sein.

„Und wenn der Zauber funktioniert, dann beschwert sich ohnehin niemand. Danke, Meister, für die äußerst lehrreiche Ausführung! Ich packe das Rezept mit ein und werde dir von meinen Erfahrungen berichten. Wer weiß, vielleicht entwickle ich die Methode noch weiter."

„Klar, warum nicht. Unsere Lehre ist lebendig. Jeder von uns hat das Recht, sie weiter zu entwickeln. Solange wir den Menschen Gutes tun und dabei ehrlich bleiben, stehen uns alle Wege offen."

Meister Chi und Germa saßen in Gedanken versunken noch eine ganze Weile zusammen. Sie hatten nicht das Bedürfnis, das Gespräch jetzt fortzusetzen. Der Tag ging zu Ende und damit auch Germas Besuch bei Meister Chi. Er suchte nach passenden Worten, um sich zu verabschieden.

„Ich denke, es ist Zeit, mich zu verabschieden. Danke, dass du mir dein Wissen offenbart und vermittelt hast. Der heutige Tag hat meine gesamte Lehrzeit wunderbar ergänzt und abgerundet. Für mich bist und bleibst du für immer der beste Lehrer und Vorbild, doch jetzt gehe ich meinen Weg und übernehme die volle Verantwortung für mein Tun."

„Germa, unsere Wege trennen sich, aber unser Tun verbindet uns weiter. Ich bin froh, dass du selbstverantwortlich handelst, und mich nicht als deinen Guru vereinnahmst. Gehe deinen Weg und besuche mich wieder."

Meister Chi drückte Germa zum Abschied herzlich an sich. Das war für beide eine sehr ungewöhnliche Geste.

… und wenn sie nicht gestorben sind, dann leben sie noch heute.

Was lernen wir aus dem Märchenabschnitt?

- Bagua-Spiegel:
  Traditionell Bagua Jing genannt, werden seit der Shang-Dynastie (ca. 1766-1122 v.Chr.) als Schutz über dem Eingang benutzt. Sie zählen zu rituellen Hilfsmittel, die erst dank der Herstellung aus speziellen Materialien, hier aus geweihter Bronze, und nach ritueller Segnung bzw. Beschwörung durch Geistliche ihre Wirkung überhaupt entfalten können. Nachgemachte Bagua-Spiegel, die weder die traditionellen Merkmale, wie z.B. hergestellt aus poliertem Metall, Abbildungen der Trigramme in der vorhimmlischen Reihenfolge auf der Rückseite, besitzen, noch in spirituellen Rituellen geweiht wurden, haben lediglich eine recht fragwürdige Dekorationswirkung. Heute haben traditionelle Bagua Jing Seltenheitswert. Sie werden nur noch sehr selten benutzt und in nicht öffentlichen Tempeln zeremoniell gewürdigt.

- Kalebassen:
  In der traditionellen Feng-Shui-Anwendung tragen sie den Namen Hulu. Ihre besondere Bedeutung für Heilung oder als Symbol für innere Organe ist in vielen Kulturen der Welt zu finden. Samenfunde aus Asien und Südamerika belegen, dass der Flaschenkürbis seit mehr als 10.000 Jahren bekannt ist. Dank ihrer bauchigen Form werden sie vor allem als Gefäße oder Musikinstrumente benutzt. Je nach Kultur hat die Kalebasse vielfältige symbolische Bedeutung.

- Das „Salz-Münzen-Gefäß“
  Man nehme eine runde Schüssel oder ein zylindrisches Gefäß aus Glas oder weißem Porzellan, fülle es zu zwei Dritteln mit Salz und fülle das Ganze mit Wasser auf. Sobald sich diel Lösung beruhigt hat und das Salz sich abgesetzt hat, lege auf das Salz sechs gleiche Münzen auf. Unter das Gefäß sollte man einen Untersetzer stellen. Durch die Verdunstung des Wassers, kriecht nämlich das Salz aus dem Gefäß heraus und hinterlässt sonst unschöne Flecken auf den Möbeln.

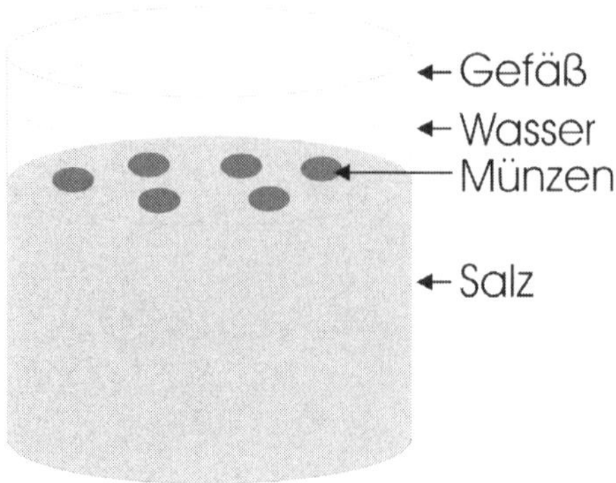

Anwendung: Aufstellen in Bereichen, in denen die Kombination 2-5 herrscht, insbesondere wenn die 5 Hauptstern ist.

Das Märchen geht weiter

Germa kehrte in seine Heimat zurück. Die ersten Wochen nach der Ankunft waren für ihn sehr turbulent. Es kam ihm fast so vor, als ob er aus einer gänzlich anderen Welt gekommen wäre. Vieles, was er noch von früher kannte, erschien ihm jetzt fremd und völlig anders als in seiner Erinnerung. Doch seine Entscheidung, hier in seiner Heimat zu bleiben, stand fest. Er beschloss, sich an die Veränderungen in seinem Heimatland zu gewöhnen.

Doch die Gewöhnung dauerte viel länger als er zunächst dachte. Denn es war nicht nur eine Anpassung an das neue und hektischere Leben in seinem Land, sondern es war seine ganz persönliche Metamorphose. Wie aus der Raupe ein Schmetterling wird, so hatte Germa die Hüllen seines alten Lebens abgestreift, sich weiterentwickelt und die Erfahrungen aus beiden Lebenswelten vereint. Das Märchen wurde wahr.

Germa ist kein Einzelfall. Unter uns leben sehr viele Germas. Es sind Menschen, die auf der Suche nach Neuem weit gereist sind, um am Ende wieder in die eigene Heimat zurückzukehren. Es sind spannende Reisen, bei denen es nicht darum geht, große Entfernungen zurückzulegen. Und doch führen uns diese Reisen zu Erkenntnissen, die das Leben verändern. Das Ziel dieser Reisen heißt, sich selbst zu erkennen und den eigenen Platz im Leben zu finden. Jede Reise braucht eine Route und ein Transportmittel. Germas Route war das Feng Shui, speziell die Methode der „Fliegenden Sterne" und als Transportmittel benutzte er Gebäude, Häuser oder andere Lebensräume. Er ist sogar zum Reiseleiter geworden und begleitet heute andere Menschen auf ihren Reisen. Seine Reiseroute ist alles andere als einfach. Ihre Komplexität schreckt manche Reisenden oder sogar Nachwuchs-Reiseleiter ab. Lehnen sie vielleicht die Methode ab, weil sie Angst haben, sich selbst zu begegnen?

Eine Gefahr droht auf diesen Reisen immer. Zahlreiche Reisende neigen dazu, sich eine rosa Brille aufzusetzen, um vieles schöner zu sehen, als es in Wirklichkeit ist. Ein guter Reiseleiter hilft, die Brille wieder abzusetzen und den Tatsachen in die Augen zu sehen. Erst aus dieser Erfahrung lernen die Reisenden, für sich selbst zu sorgen.

Eine Reise kann sehr anstrengend sein. Die Reise alleine macht auch das Leben nicht sofort schöner, leichter und erfolgreicher. Sie erlaubt uns, die eigene Welt aus einer anderen Perspektive zu sehen und dabei neue Wege zu entdecken. Erst, wenn man am Ziel angekommen ist, stellt sich das Gefühl der Zufriedenheit ein, und wir merken, dass sich die Anstrengungen der Reise wirklich gelohnt haben.

Haben Sie Lust, zu verreisen oder sogar Reiseleiter zu werden? Meister Chi freut sich über jeden Besuch und Schüler sind ihm ebenso herzlich willkommen. Vergessen Sie bitte nicht, auch die längste Reise beginnt mit dem ersten Schritt und den haben sie bereits getan – sie haben die Geschichte zu Ende gelesen. Gute Reise!

Sternen-Kombi-nation	Bergstern als Hauptstern		Wasserstern als Hauptstern	
	günstiger Einfluss	ungünstiger Einfluss	günstiger Einfluss	ungünstiger Einfluss
1 – 1	keine spezifische Bedeutung	Alkoholmissbrauch, gesundheitliche Beschwerden (Ohren, Blut, Nieren)	Romanze, Flirt akademische, künstlerische und finanzielle Erfolge	rechtliche Probleme
1 - 2	keine spezifische Bedeutung	Frau dominiert über den Mann, Fehlgeburt und Unterleibbeschwerden	keine spezifische Bedeutung	Schwierigkeiten in der Ehe/ Partnerschaft, Trennung, Frau dominiert über den Mann, geringes sexuelles Interesse, Autounfall möglich
1 - 3	gute Gesundheit	Stimmungsschwankungen,	erfolgreiche Reisen, Wohlstand und Popularität, Wohnortswechsel	Klatsch und Tratsch, Streit, Mobbing, Zivilverfahren, Geldverlust, Wohnortswechsel Diebstahl, eventuelle Gewalt
1 - 4	keine spezifische Bedeutung	Untreue, vor allem zu sich selbst	Romanzen für Frauen, Intelligenz, Beförderung, Ruhm, Erfolg bei Prüfungen	Zu viele Flirts, Untreue, instabile Beziehungen,
1 - 5	keine spezifische Bedeutung	Probleme im Unterleib- und Genitalbereich, Lebensmittel-vergiftung, Ohrenprobleme, Unfälle, Nachwuchsschwierigkeiten, Schmerzen	keine spezifische Bedeutung	Unfälle, Blockaden

Sternen-Kombination	Bergstern als Hauptstern		Wasserstern als Hauptstern	
	günstiger Einfluss	ungünstiger Einfluss	günstiger Einfluss	ungünstiger Einfluss
1 - 6	keine spezifische Bedeutung	Neigung zu Migräne, Nervenzusammenbruch	Beförderung, Intelligenz, Karriere, Reichtum, finanzielle Erfolge für Männer mittleren Alters und den mittleren Sohn, akademische, künstlerische und finanzielle Erfolge, Geschicklichkeit	keine spezifische Bedeutung
1 - 7	keine spezifische Bedeutung	Kniebeschwerden, starke Blutungen	finanzielle Erfolge, Romanze, Flirt, günstig für Reisen	Konkurrenz am Arbeitsplatz
1 - 8	gute Gesundheit	Nieren- und Genitalprobleme	Wohlstand, berufliches Weiterkommen	Ärger mit Geschäftspartnern und Geschwistern, Streit in engen Beziehungen
1 – 9	Fruchtbarkeit	Geschlechtskrankheiten, Herzkrankheit, Augenkrankheit	berufliche und finanzielle Erfolge, Karriere- und Jobveränderung	Karriere- und Jobveränderung, Geldverlust
2 - 2	keine spezifische Bedeutung	Neigungen zu Krankheiten, Verdauungsbeschwerden, Unfälle mit Verletzungen	keine spezifische Bedeutung	Fehlschläge, Misslingen

Sternen-Kombination	Bergstern als Hauptstern		Wasserstern als Hauptstern	
	günstiger Einfluss	ungünstiger Einfluss	günstiger Einfluss	ungünstiger Einfluss
2 - 3	keine spezifische Bedeutung	„Kämpfende Stiere", Probleme im Magen- und Darmbereich, Unterleibsbeschwerden, besonders für die ältere Frau, Unfälle	keine spezifische Bedeutung	„Kämpfende Stiere" Klatsch und Tratsch, Streit, Zivilverfahren, Konflikte und Unfälle, Verkehrsunfälle, ernsthafte Lage, familiäre Probleme
2 - 4	keine spezifische Bedeutung	Magen und Unterleibsprobleme	Akademische Erfolge, Kreativität, gut für Schriftsteller	Gefahr vor Gewalt an Frauen, Probleme zwischen Stiefmutter und Stieftochter, emotionaler Stress
2 - 5	keine spezifische Bedeutung	höchst ernsthafte gesundheitliche Probleme (besonders Magen- und Bauchbereich), Krankheit, Lustlosigkeit, Schmerzen	keine spezifische Bedeutung	schwierige Bedingungen, Verlust des Partners, Fehlschläge und Misslingen, finanzielle Katastrophe, Lustlosigkeit
2 - 6	Kraft, Gesundheit	Schmerzen, Übelkeit, Blockaden	Kraft, Autorität, Ansehen, Reichtum	Blockaden
2 - 7	keine spezifische Bedeutung	Blutungen, Anfälligkeit, Durchfall, Verletzung durch Metall, Krankheit	Reichtum	Konkurrenz am Arbeitsplatz, Zickigkeiten der Frau
2 - 8	keine spezifische Bedeutung	Krankheiten, Verdauungsbeschwerden	Gute finanzielle Aussichten und Erbschaften, Reichtum	Fehlschläge, Geldverlust

Sternen-Kombi-nation	Bergstern als Hauptstern		Wasserstern als Hauptstern	
	günstiger Einfluss	ungünstiger Einfluss	günstiger Einfluss	ungünstiger Einfluss
2 - 9	keine spezifische Bedeutung	Verdauungsbeschwerden, Schmerzen, psychische Instabilität, geistige Behinderung, ungünstig für Kinder	Romanze, Flirt, positive Liebesbeziehung (nur für Frauen)	keine spezifische Bedeutung
3 - 3	anziehende Wirkung der Frau	Anfälligkeit von Erkältungen	keine spezifische Bedeutung	möglicher Diebstahl, Streitigkeiten und Missverständnisse
3 - 4	keine spezifische Bedeutung	keine spezifische Bedeutung	Wissenschaftliche und künstlerische Erfolge	emotionale/ mentale Schwierigkeiten, sexueller Missbrauch, Schwierigkeiten für ältere Frauen, Diebstahl
3 - 5	keine spezifische Bedeutung	Instabile Gesundheit, Probleme mit Leber und Beinen	keine spezifische Bedeutung	Finanzielle Schwierigkeiten, Vorsicht beim Glückspiel, Streitigkeiten mit Söhnen, Autounfälle, Instabilität
3 - 6	keine spezifische Bedeutung	Probleme mit den Beinen, Kopfschmerzen, Verletzung durch Metall, Kopfschmerz, Enttäuschungen	Finanzielle Erfolge	Schwierigkeiten für junge Männer, Autounfälle, Geldverlust, Enttäuschungen

Sternen-Kombination	Bergstern als Hauptstern		Wasserstern als Hauptstern	
	günstiger Einfluss	ungünstiger Einfluss	günstiger Einfluss	ungünstiger Einfluss
3 - 7	keine spezifische Bedeutung	Verletzung durch Metall	keine spezifische Bedeutung	Raubüberfall, Verrat, Schwierigkeiten mit dem Gesetz
3 - 8	Homosexualität	Verletzungen der Gliedmaßen, Schwierigkeiten für kleine Kinder, Homosexualität	finanzielle Erfolge	Schwierigkeiten für kleine Kinder, Fehlschläge und Misslingen
3 - 9	gute Gesundheit	keine spezifische Bedeutung	Intelligenz (besonders bei Kinder), Berühmtheit	Rechtsstreit, Feuergefahr
4 - 4	anziehende Ausstrahlung	Untreue (zu sich selbst)	sehr gute Kombination für Künstler und Schriftsteller, Reisen, Flirts	Trennung, Untreue
4 - 5	keine spezifische Bedeutung	Neigung zu Krankheiten besonders Haut und Brust, Infektionskrankheiten	keine spezifische Bedeutung	Mangel an Kreativität, Vorsicht beim Glückspiel
4 - 6	keine spezifische Bedeutung	Probleme mit Oberschenkel und Gesäß, Erkältungskrankheiten, Kreativität blockiert	finanzielle Gewinne	Beziehungsprobleme, ungünstig für die Ehefrau, gebrochenes Herz, Fehlschläge und Misslingen

Sternen-Kombination	Bergstern als Hauptstern		Wasserstern als Hauptstern	
	günstiger Einfluss	ungünstiger Einfluss	günstiger Einfluss	ungünstiger Einfluss
4 - 7	Schwangerschaft	Schwangerschaft mit Gefahr von Fehlgeburt, Probleme mit Oberschenkel und Gesäß	begünstigt Liebesbeziehungen, günstig für Reisen	Fehlschläge und Misslingen, Scheidung, Verletzung durch Metall, rechtliche Schwierigkeiten, Streitigkeiten unter Frauen
4 - 8	gute Gesundheit	Rückenprobleme, Verletzung von Gliedmaßen, Probleme beim Kinderkriegen, Unfruchtbarkeit, Probleme für Kinder, geistig-emotionale Probleme,	gute finanzielle Situation	rechtliche Schwierigkeiten, Einsamkeit, Probleme mit Heirat, Gefahr für Kinder
4 - 9	lesbische Veranlagungen	lesbische Veranlagungen	Intelligenter Sohn, gut für Kreativität und Schreiben	Prüfungsangst, Feuergefahr
5 - 5	keine spezifische Bedeutung	Krankheit, Blockaden	keine spezifische Bedeutung	sehr schlechte Lebenssituation, Blockaden, Unfälle
5 - 6	keine spezifische Bedeutung	Probleme mit Kopf, Knochen und Lunge, Krankheiten, Impotenz	keine spezifische Bedeutung	Missverständnisse, stressbedingte Karriereschwierigkeiten für Männer, finanzielle Schwierigkeiten

Sternen-Kombination	Bergstern als Hauptstern		Wasserstern als Hauptstern	
	günstiger Einfluss	ungünstiger Einfluss	günstiger Einfluss	ungünstiger Einfluss
5 - 7	keine spezifische Bedeutung	Probleme im Mundbereich, Lebensmittelvergiftung, Anfälligkeiten für Krankheiten, abnormales Sexualverhalten	keine spezifische Bedeutung	Missverständnisse, Streit, Enttäuschung, emotionale Unruhen
5 - 8	keine spezifische Bedeutung	Lähmung, gebrochene Glieder, Augenprobleme	finanzielle Gewinne	finanzielle Schwierigkeiten, ungünstig für Kinder, Lähmung, Stagnation, emotionale Unruhe
5 - 9	keine spezifische Bedeutung	Vergiftungen, Augenleiden, Geschwür, geistig zurückgeblieben	keine spezifische Bedeutung	Vorsicht vor Glückspiel und Investitionen, Feuergefahr,
6 - 6	keine spezifische Bedeutung	Neigung zu Krankheiten	sehr gute finanzielle Gewinne	Unfallgefahr
6 - 7	keine spezifische Bedeutung	Hautkrankheiten, Verletzung durch Metall	keine spezifische Bedeutung	Raubüberfälle, Konflikt, Streit, Konkurrenz, Eifersucht,
6 - 8	keine spezifische Bedeutung	Einsamkeit, emotionale Instabilität	finanzielle Gewinne, Popularität, Ansehen	keine spezifische Bedeutung
6 - 9	keine spezifische Bedeutung	Zahnschmerzen, Bluthochdruck, Lungenkrankheit, Kopfschmerzen	finanzielle Gewinne	Konflikt mit dem Familienoberhaupt, Zankereien mit älteren Frauen, Ärger mit Söhnen

Sternen-Kombination	Bergstern als Hauptstern		Wasserstern als Hauptstern	
	günstiger Einfluss	ungünstiger Einfluss	günstiger Einfluss	ungünstiger Einfluss
7 - 7	keine spezifische Bedeutung	Blutungen	Finanzielle Gewinne aus Konkurrenzkampf, Erfolg für jüngere Frauen und Unterhaltungsbranche	Raubüberfall, eventuelle ungünstige Angelegenheiten für Männer, rechtliche Schwierigkeiten
7 - 8	keine spezifische Bedeutung	keine spezifische Bedeutung	Romanze, Flirt, Glück in der Liebe, Erfolg im Wettbewerb, plötzlicher Geldgewinn	keine spezifische Bedeutung
7 - 9	keine spezifische Bedeutung	Herzkrankheiten, Stressneigung, leicht gereizt, Ärger	Flirt, Beförderung und Ruhm	Konflikte und Kämpfe, Reizbarkeit und Ärger, Feuergefahr
8 - 8	keine spezifische Bedeutung	keine spezifische Bedeutung	sehr vorteilhaft, finanzielle Erfolge, gute Gelegenheiten, Reichtum, Erbschaften	keine spezifische Bedeutung
8 - 9	keine spezifische Bedeutung	keine spezifische Bedeutung	glückliche Ereignisse, finanzielle Erfolge	Missverständnisse zwischen Eltern und Kinder
9 - 9	keine spezifische Bedeutung	keine spezifische Bedeutung	glückliche Ereignisse	Feuergefahr

Periode 1

Baujahr 1864-1883

Blickrichtung Grad (°)	Sitz	Blick	Norden			Nordosten			Osten			Südosten			Süden			Südwesten			Westen			Nordwesten			Mitte		
			B	Z	W	B	Z	W	B	Z	W	B	Z	W	B	Z	W	B	Z	W	B	Z	W	B	Z	W	B	Z	W
337,5 - 352,5	S1	N1	1	6	1	8	4	3	3	8	8	4	9	7	9	5	2	2	7	9	7	3	4	6	2	5	5	1	6
352,5 - 7,5	S2	N2	9	6	2	2	4	9	7	8	4	6	9	5	1	5	1	8	7	3	3	3	8	4	2	7	5	1	6
7,5 - 22,5	S3	N3	9	6	2	2	4	9	7	8	4	6	9	5	1	5	1	8	7	3	3	3	8	4	2	7	5	1	6
22,5 - 37,5	SW1	NO1	3	6	8	1	4	1	5	8	6	6	9	5	2	5	9	4	7	7	9	3	2	8	2	3	7	1	4
37,5 - 52,5	SW2	NO2	2	6	9	4	4	7	9	8	2	8	9	3	3	5	8	1	7	1	5	3	6	6	2	5	7	1	4
52,5 - 67,5	SW3	NO3	2	6	9	4	4	7	9	8	2	8	9	3	3	5	8	1	7	1	5	3	6	6	2	5	7	1	4
67,5 - 82,5	W1	O1	8	6	3	6	4	5	1	8	1	2	9	9	7	5	4	9	7	2	5	3	6	4	2	7	3	1	8
82,5 - 97,5	W2	O2	7	6	4	9	4	2	5	8	6	4	9	7	8	5	3	6	7	5	1	3	1	2	2	9	3	1	8
97,5 - 112,5	W3	O3	7	6	4	9	4	2	5	8	6	4	9	7	8	5	3	6	7	5	1	3	1	2	2	9	3	1	8
112,5 - 127,5	NW1	SO1	6	6	5	8	4	3	4	8	7	3	9	8	7	5	4	5	7	6	9	3	2	1	2	1	2	1	9
127,5 - 142,5	NW2	SO2	7	6	4	5	4	6	9	8	2	1	9	1	6	5	5	8	7	3	4	3	7	3	2	8	2	1	9
142,5 - 157,5	NW3	SO3	7	6	4	5	4	6	9	8	2	1	9	1	6	5	5	8	7	3	4	3	7	3	2	8	2	1	9
157,5 - 172,5	N1	S1	1	6	1	3	4	8	8	8	3	7	9	4	2	5	9	9	7	2	4	3	7	5	2	6	6	1	5
172,5 - 187,5	N2	S2	2	6	9	9	4	2	4	8	7	5	9	6	1	5	1	3	7	8	8	3	3	7	2	4	6	1	5
187,5 - 202,5	N3	S3	2	6	9	9	4	2	4	8	7	5	9	6	1	5	1	3	7	8	8	3	3	7	2	4	6	1	5
202,5 - 217,5	NO1	SW1	8	6	3	1	4	1	6	8	5	5	9	6	9	5	2	7	7	4	2	3	9	3	2	8	4	1	7
217,5 - 232,5	NO2	SW2	9	6	2	7	4	4	2	8	9	3	9	8	8	5	3	1	7	1	6	3	5	5	2	6	4	1	7
232,5 - 247,5	NO3	SW3	9	6	2	7	4	4	2	8	9	3	9	8	8	5	3	1	7	1	6	3	5	5	2	6	4	1	7
247,5 - 262,5	O1	W1	3	6	8	5	4	6	1	8	1	9	9	2	4	5	7	2	7	9	6	3	5	7	2	4	8	1	3
262,5 - 277,5	O2	W2	4	6	7	2	4	9	6	8	5	7	9	4	3	5	8	5	7	6	1	3	1	9	2	2	8	1	3
277,5 - 292,5	O3	W3	4	6	7	2	4	9	6	8	5	7	9	4	3	5	8	5	7	6	1	3	1	9	2	2	8	1	3
292,5 - 307,5	SO1	NW1	5	6	6	3	4	8	7	8	4	8	9	3	4	5	7	6	7	5	2	3	9	1	2	1	9	1	2
307,5 - 322,5	SO2	NW2	4	6	7	6	4	5	2	8	9	1	9	1	5	5	6	3	7	8	7	3	4	8	2	3	9	1	2
322,5 - 337,5	SO3	NW3	4	6	7	6	4	5	2	8	9	1	9	1	5	5	6	3	7	8	7	3	4	8	2	3	9	1	2

Periode 2
Baujahr 1884-1903

Blickrichtung Grad (°)	Sitz	Blick	Norden			Nordosten			Osten			Südosten			Süden			Südwesten			Westen			Nordwesten			Mitte		
			B	Z	W	B	Z	W	B	Z	W	B	Z	W	B	Z	W	B	Z	W	B	Z	W	B	Z	W	B	Z	W
337,5 - 352,5	S1	N1	1	7	3	3	5	1	8	9	5	7	1	6	2	6	2	9	8	4	4	4	9	5	3	8	6	2	7
352,5 - 7,5	S2	N2	2	7	2	9	5	4	4	9	9	5	1	8	1	6	3	3	8	1	8	4	5	7	3	6	6	2	7
7,5 - 22,5	S3	N3	2	7	2	9	5	4	4	9	9	5	1	8	1	6	3	3	8	1	8	4	5	7	3	6	6	2	7
22,5 - 37,5	SW1	NO1	3	7	9	5	5	2	1	9	7	9	1	6	4	6	1	2	8	8	6	4	3	7	3	4	8	2	5
37,5 - 52,5	SW2	NO2	4	7	1	2	5	8	6	9	3	7	1	4	3	6	9	5	8	2	1	4	7	9	3	6	8	2	5
52,5 - 67,5	SW3	NO3	4	7	1	2	5	8	6	9	3	7	1	4	3	6	9	5	8	2	1	4	7	9	3	6	8	2	5
67,5 - 82,5	W1	O1	8	7	5	1	5	3	6	9	7	5	1	8	9	6	4	7	8	6	2	4	2	3	3	1	4	2	9
82,5 - 97,5	W2	O2	9	7	4	7	5	6	2	9	2	3	1	1	8	6	5	1	8	3	6	4	7	5	3	8	4	2	9
97,5 - 112,5	W3	O3	9	7	4	7	5	6	2	9	2	3	1	1	8	6	5	1	8	3	6	4	7	5	3	8	4	2	9
112,5 - 127,5	NW1	SO1	8	7	6	6	5	4	1	9	8	2	1	9	7	6	5	9	8	7	5	4	3	4	3	2	3	2	1
127,5 - 142,5	NW2	SO2	7	7	5	9	5	7	5	9	3	4	1	2	8	6	6	6	8	4	1	4	8	2	3	9		2	1
142,5 - 157,5	NW3	SO3	7	7	5	9	5	7	5	9	3	4	1	2	8	6	6	6	8	4	1	4	8	2	3	9	3	2	1
157,5 - 172,5	N1	S1	3	7	1	1	5	3	5	9	8	6	1	7	2	6	2	4	8	9	9	4	4	8	3	5	7	2	6
172,5 - 187,5	N2	S2	2	7	2	4	5	9	9	9	4	8	1	5	3	6	1	1	8	3	5	4	8	6	3	7	7	2	6
187,5 - 202,5	N3	S3	2	7	2	4	5	9	9	9	4	8	1	5	3	6	1	1	8	3	5	4	8	6	3	7	7	2	6
202,5 - 217,5	NO1	SW1	9	7	3	2	5	5	7	9	1	6	1	9	1	6	4	8	8	2	3	4	6	4	3	7	5	2	8
217,5 - 232,5	NO2	SW2	1	7	4	8	5	2	3	9	6	4	1	7	9	6	3	2	8	5	7	4	1	6	3	9	5	2	8
232,5 - 247,5	NO3	SW3	1	7	4	8	5	2	3	9	6	4	1	7	9	6	3	2	8	5	7	4	1	6	3	9	5	2	8
247,5 - 262,5	O1	W1	5	7	8	3	5	1	7	9	6	8	1	5	4	6	9	6	8	7	2	4	2	1	3	3	9	2	4
262,5 - 277,5	O2	W2	4	7	9	6	5	7	2	9	2	1	1	3	5	6	8	3	8	1	7	4	6	8	3	5	9	2	4
277,5 - 292,5	O3	W3	4	7	9	6	5	7	2	9	2	1	1	3	5	6	8	3	8	1	7	4	6	8	3	5	9	2	4
292,5 - 307,5	SO1	NW1	6	7	8	4	5	6	8	9	1	9	1	2	5	6	7	7	8	9	3	4	5	2	3	4	1	2	3
307,5 - 322,5	SO2	NW2	5	7	7	7	5	9	3	9	5	2	1	4	6	6	8	4	8	6	8	4	1	9	3	2	1	2	3
322,5 - 337,5	SO3	NW3	5	7	7	7	5	9	3	9	5	2	1	4	6	6	8	4	8	6	8	4	1	9	3	2	1	2	3

Periode 3

Baujahr 1903 - 1923

Blickrichtung Grad (°)	Sitz	Blick	Norden			Nordosten			Osten			Südosten			Süden			Südwesten			Westen			Nordwesten			Mitte		
			B	Z	W	B	Z	W	B	Z	W	B	Z	W	B	Z	W	B	Z	W	B	Z	W	B	Z	W	B	Z	W
337,5 - 352,5	S1	N1	3	8	3	1	6	5	5	1	1	6	2	9	2	7	4	4	9	2	9	5	6	8	4	7	7	3	8
352,5 - 7,5	S2	N2	2	8	4	4	6	2	9	1	6	8	2	7	3	7	3	1	9	5	5	5	1	6	4	9	7	3	8
7,5 - 22,5	S3	N3	2	8	4	4	6	2	9	1	6	8	2	7	3	7	3	1	9	5	5	5	1	6	4	9	7	3	8
22,5 - 37,5	SW1	NO1	5	8	1	3	6	3	7	1	8	8	2	7	4	7	2	6	9	9	2	5	4	1	4	5	9	3	6
37,5 - 52,5	SW2	NO2	4	8	2	6	6	9	2	1	4	1	2	5	5	7	1	3	9	3	7	5	8	8	4	7	9	3	6
52,5 - 67,5	SW3	NO3	4	8	2	6	6	9	2	1	4	1	2	5	5	7	1	3	9	3	7	5	8	8	4	7	9	3	6
67,5 - 82,5	W1	O1	1	8	6	8	6	4	3	1	8	4	2	9	9	7	5	2	9	7	7	5	3	6	4	2	5	3	1
82,5 - 97,5	W2	O2	9	8	5	2	6	7	7	1	3	6	2	2	1	7	6	8	9	4	3	5	8	4	4	9	5	3	1
97,5 - 112,5	W3	O3	9	8	5	2	6	7	7	1	3	6	2	2	1	7	6	8	9	4	3	5	8	4	4	9	5	3	1
112,5 - 127,5	NW1	SO1	8	8	6	1	6	8	6	1	4	5	2	3	9	7	7	7	9	5	2	5	9	3	4	1	4	3	2
127,5 - 142,5	NW2	SO2	9	8	7	7	6	5	2	1	9	3	2	1	8	7	6	1	9	8	6	5	4	5	4	3	4	3	2
142,5 - 157,5	NW3	SO3	9	8	7	7	6	5	2	1	9	3	2	1	8	7	6	1	9	8	6	5	4	5	4	3	4	3	2
157,5 - 172,5	N1	S1	3	8	3	5	6	1	1	1	5	9	2	6	4	7	2	2	9	4	6	5	9	7	4	8	8	3	7
172,5 - 187,5	N2	S2	4	8	2	2	6	4	6	1	9	7	2	8	3	7	3	5	9	1	1	5	5	9	4	6	8	3	7
187,5 - 202,5	N3	S3	4	8	2	2	6	4	6	1	9	7	2	8	3	7	3	5	9	1	1	5	5	9	4	6	8	3	7
202,5 - 217,5	NO1	SW1	1	8	5	3	6	3	8	1	7	7	2	8	2	7	4	9	9	6	4	5	2	5	4	1	6	3	9
217,5 - 232,5	NO2	SW2	2	8	4	9	6	6	4	1	2	5	2	1	1	7	5	3	9	3	8	5	7	7	4	8	6	3	9
232,5 - 247,5	NO3	SW3	2	8	4	9	6	6	4	1	2	5	2	1	1	7	5	3	9	3	8	5	7	7	4	8	6	3	9
247,5 - 262,5	O1	W1	6	8	1	4	6	8	8	1	3	9	2	4	5	7	9	7	9	2	3	5	7	2	4	6	1	3	5
262,5 - 277,5	O2	W2	5	8	9	7	6	2	3	1	7	2	2	6	6	7	1	4	9	8	8	5	3	9	4	4	1	3	5
277,5 - 292,5	O3	W3	5	8	9	7	6	2	3	1	7	2	2	6	6	7	1	4	9	8	8	5	3	9	4	4	1	3	5
292,5 - 307,5	SO1	NW1	6	8	8	8	6	1	4	1	6	3	2	5	7	7	9	5	9	7	9	5	2	1	4	3	2	3	4
307,5 - 322,5	SO2	NW2	7	8	9	5	6	7	9	1	2	1	2	3	6	7	8	8	9	1	4	5	6	3	4	5	2	3	4
322,5 - 337,5	SO3	NW3	7	8	9	5	6	7	9	1	2	1	2	3	6	7	8	8	9	1	4	5	6	3	4	5	2	3	4

Periode 4

Baujahr 1924 - 1943

Blickrichtung Grad (°)	Sitz	Blick	Norden			Nordosten			Osten			Südosten			Süden			Südwesten			Westen			Nordwesten			Mitte		
			B	Z	W	B	Z	W	B	Z	W	B	Z	W	B	Z	W	B	Z	W	B	Z	W	B	Z	W	B	Z	W
337,5 - 352,5	S1	N1	3	9	5	5	7	3	1	2	7	9	3	8	4	8	4	2	1	6	6	6	2	7	5	1	8	4	9
352,5 - 7,5	S2	N2	4	9	4	2	7	6	6	2	2	7	3	1	3	8	5	5	1	3	1	6	7	9	5	8	8	4	9
7,5 - 22,5	S3	N3	4	9	4	2	7	6	6	2	2	7	3	1	3	8	5	5	1	3	1	6	7	9	5	8	8	4	9
22,5 - 37,5	SW1	NO1	6	9	3	4	7	1	8	2	5	9	3	6	5	8	2	7	1	4	3	6	9	2	5	8	1	4	7
37,5 - 52,5	SW2	NO2	5	9	2	7	7	4	3	2	9	2	3	8	6	8	3	4	1	1	8	6	5	9	5	6	1	4	7
52,5 - 67,5	SW3	NO3	5	9	2	7	7	4	3	2	9	2	3	8	6	8	3	4	1	1	8	6	5	9	5	6	1	4	7
67,5 - 82,5	W1	O1	1	9	6	3	7	8	8	2	4	7	3	3	2	8	7	9	1	5	4	6	9	5	5	1	6	4	2
82,5 - 97,5	W2	O2	2	9	7	9	7	5	4	2	9	5	3	1	1	8	6	3	1	8	8	6	4	7	5	3	6	4	2
97,5 - 112,5	W3	O3	2	9	7	9	7	5	4	2	9	5	3	1	1	8	6	3	1	8	8	6	4	7	5	3	6	4	2
112,5 - 127,5	NW1	SO1	9	9	8	2	7	6	7	2	1	6	3	2	1	8	7	8	1	9	3	6	5	4	5	4	5	4	3
127,5 - 142,5	NW2	SO2	1	9	7	8	7	9	3	2	5	4	3	4	9	8	8	2	1	6	7	6	1	6	5	2	5	4	3
142,5 - 157,5	NW3	SO3	1	9	7	8	7	9	3	2	5	4	3	4	9	8	8	2	1	6	7	6	1	6	5	2	5	4	3
157,5 - 172,5	N1	S1	5	9	3	3	7	5	7	2	1	8	3	9	4	8	4	6	1	2	2	6	6	1	5	7	9	4	8
172,5 - 187,5	N2	S2	4	9	4	6	7	2	2	2	6	1	3	7	5	8	3	3	1	5	7	6	1	8	5	9	9	4	8
187,5 - 202,5	N3	S3	4	9	4	6	7	2	2	2	6	1	3	7	5	8	3	3	1	5	7	6	1	8	5	9	9	4	8
202,5 - 217,5	NO1	SW1	3	9	6	1	7	4	5	2	8	6	3	9	2	8	5	4	1	7	9	6	3	8	5	2	7	4	1
217,5 - 232,5	NO2	SW2	2	9	5	4	7	7	9	2	3	8	3	2	3	8	6	1	1	4	5	6	8	6	5	9	7	4	1
232,5 - 247,5	NO3	SW3	2	9	5	4	7	7	9	2	3	8	3	2	3	8	6	1	1	4	5	6	8	6	5	9	7	4	1
247,5 - 262,5	O1	W1	6	9	1	8	7	3	4	2	8	3	3	7	7	8	2	5	1	9	9	6	4	1	5	5	2	4	6
262,5 - 277,5	O2	W2	7	9	2	5	7	9	9	2	4	1	3	5	6	8	1	8	1	3	4	6	8	3	5	7	2	4	6
277,5 - 292,5	O3	W3	7	9	2	5	7	9	9	2	4	1	3	5	6	8	1	8	1	3	4	6	8	3	5	7	2	4	6
292,5 - 307,5	SO1	NW1	8	9	9	6	7	2	1	2	7	2	3	6	7	8	1	9	1	8	5	6	3	4	5	4	3	4	5
307,5 - 322,5	SO2	NW2	7	9	1	9	7	8	5	2	3	4	3	4	8	8	9	6	1	2	1	6	7	2	5	6	3	4	5
322,5 - 337,5	SO3	NW3	7	9	1	9	7	8	5	2	3	4	3	4	8	8	9	6	1	2	1	6	7	2	5	6	3	4	5

Periode 5

Baujahr 1944 - 1963

Blickrichtung Grad (°)	Sitz	Blick	Norden			Nordosten			Osten			Südosten			Süden			Südwesten			Westen			Nordwesten			Mitte		
			B	Z	W	B	Z	W	B	Z	W	B	Z	W	B	Z	W	B	Z	W	B	Z	W	B	Z	W	B	Z	W
337,5 - 352,5	S1	N1	5	1	6	3	8	4	7	3	8	8	4	9	4	9	5	6	2	7	2	7	3	1	6	2	9	5	1
352,5 - 7,5	S2	N2	4	1	5	6	8	7	2	3	3	1	4	2	5	9	6	3	2	4	7	7	8	8	6	9	9	5	1
7,5 - 22,5	S3	N3	4	1	5	6	8	7	2	3	3	1	4	2	5	9	6	3	2	4	7	7	8	8	6	9	9	5	1
22,5 - 37,5	SW1	NO1	6	1	3	8	8	5	4	3	1	3	4	9	7	9	4	5	2	2	9	7	6	1	6	7	2	5	8
37,5 - 52,5	SW2	NO2	7	1	4	5	8	2	9	3	6	1	4	7	6	9	3	8	2	5	4	7	1	3	6	9	2	5	8
52,5 - 67,5	SW3	NO3	7	1	4	5	8	2	9	3	6	1	4	7	6	9	3	8	2	5	4	7	1	3	6	9	2	5	8
67,5 - 82,5	W1	O1	3	1	8	1	8	6	5	3	1	6	4	2	2	9	7	4	2	9	9	7	5	8	6	4	7	5	3
82,5 - 97,5	W2	O2	2	1	7	4	8	9	9	3	5	8	4	4	3	9	8	1	2	6	5	7	1	6	6	2	7	5	3
97,5 - 112,5	W3	O3	2	1	7	4	8	9	9	3	5	8	4	4	3	9	8	1	2	6	5	7	1	6	6	2	7	5	3
112,5 - 127,5	NW1	SO1	1	1	8	3	8	1	8	3	6	7	4	5	2	9	9	9	2	7	4	7	2	5	6	3	6	5	4
127,5 - 142,5	NW2	SO2	2	1	9	9	8	7	4	3	2	5	4	3	1	9	8	3	2	1	8	7	6	7	6	5	6	5	4
142,5 - 157,5	NW3	SO3	2	1	9	9	8	7	4	3	2	5	4	3	1	9	8	3	2	1	8	7	6	7	6	5	6	5	4
157,5 - 172,5	N1	S1	6	1	5	4	8	3	8	3	7	9	4	8	5	9	4	7	2	6	3	7	2	2	6	1	1	5	9
172,5 - 187,5	N2	S2	5	1	4	7	8	6	3	3	2	2	4	1	6	9	5	4	2	3	8	7	7	9	6	8	1	5	9
187,5 - 202,5	N3	S3	5	1	4	7	8	6	3	3	2	2	4	1	6	9	5	4	2	3	8	7	7	9	6	8	1	5	9
202,5 - 217,5	NO1	SW1	3	1	6	5	8	8	1	3	4	9	4	3	4	9	7	2	2	5	6	7	9	7	6	1	8	5	2
217,5 - 232,5	NO2	SW2	4	1	7	2	8	5	6	3	9	7	4	1	3	9	6	5	2	8	1	7	4	9	6	3	8	5	2
232,5 - 247,5	NO3	SW3	4	1	7	2	8	5	6	3	9	7	4	1	3	9	6	5	2	8	1	7	4	9	6	3	8	5	2
247,5 - 262,5	O1	W1	8	1	3	6	8	1	1	3	5	2	4	6	7	9	2	9	2	4	5	7	9	4	6	8	3	5	7
262,5 - 277,5	O2	W2	7	1	2	9	8	4	5	3	9	4	4	8	8	9	3	6	2	1	1	7	5	2	6	6	3	5	7
277,5 - 292,5	O3	W3	7	1	2	9	8	4	5	3	9	4	4	8	8	9	3	6	2	1	1	7	5	2	6	6	3	5	7
292,5 - 307,5	SO1	NW1	8	1	1	1	8	3	6	3	8	5	4	7	9	9	2	7	2	9	2	7	4	3	6	5	4	5	6
307,5 - 322,5	SO2	NW2	9	1	2	7	8	9	2	3	4	3	4	5	8	9	1	1	2	3	6	7	8	5	6	7	4	5	6
322,5 - 337,5	SO3	NW3	9	1	2	7	8	9	2	3	4	3	4	5	8	9	1	1	2	3	6	7	8	5	6	7	4	5	6

Periode 6

Baujahr 1964 - 1983

Blickrichtung Grad (°)	Sitz	Blick	Norden			Nordosten			Osten			Südosten			Süden			Südwesten			Westen			Nordwesten			Mitte		
			B	Z	W	B	Z	W	B	Z	W	B	Z	W	B	Z	W	B	Z	W	B	Z	W	B	Z	W	B	Z	W
337,5 - 352,5	S1	N1	6	2	6	4	9	8	8	4	4	9	5	3	5	1	7	7	3	5	3	8	9	2	7	1	1	6	2
352,5 - 7,5	S2	N2	5	2	7	7	9	5	3	4	9	2	5	1	6	1	6	4	3	8	8	8	4	9	7	3	1	6	2
7,5 - 22,5	S3	N3	5	2	7	7	9	5	3	4	9	2	5	1	6	1	6	4	3	8	8	8	4	9	7	3	1	6	2
22,5 - 37,5	SW1	NO1	8	2	5	6	9	3	1	4	7	2	5	8	7	1	4	9	3	6	5	8	2	4	7	1	3	6	9
37,5 - 52,5	SW2	NO2	7	2	4	9	9	6	5	4	2	4	5	1	8	1	5	6	3	3	1	8	7	2	7	8	3	6	9
52,5 - 67,5	SW3	NO3	7	2	4	9	9	6	5	4	2	4	5	1	8	1	5	6	3	3	1	8	7	2	7	8	3	6	9
67,5 - 82,5	W1	O1	3	2	8	5	9	1	1	4	6	9	5	5	4	1	9	2	3	7	6	8	2	7	7	3	8	6	4
82,5 - 97,5	W2	O2	4	2	9	2	9	7	6	4	2	7	5	3	3	1	8	5	3	1	1	8	6	9	7	5	8	6	4
97,5 - 112,5	W3	O3	4	2	9	2	9	7	6	4	2	7	5	3	3	1	8	5	3	1	1	8	6	9	7	5	8	6	4
112,5 - 127,5	NW1	SO1	3	2	9	1	9	2	5	4	7	6	5	6	2	1	1	4	3	8	9	8	3	8	7	4	7	6	5
127,5 - 142,5	NW2	SO2	2	2	1	4	9	8	9	4	3	8	5	4	3	1	9	1	3	2	5	8	7	6	7	6	7	6	5
142,5 - 157,5	NW3	SO3	2	2	1	4	9	8	9	4	3	8	5	4	3	1	9	1	3	2	5	8	7	6	7	6	7	6	5
157,5 - 172,5	N1	S1	6	2	6	8	9	4	4	4	8	3	5	9	7	1	5	5	3	7	9	8	3	1	7	2	2	6	1
172,5 - 187,5	N2	S2	7	2	5	5	9	7	9	4	3	1	5	2	6	1	6	8	3	4	4	8	8	3	7	9	2	6	1
187,5 - 202,5	N3	S3	7	2	5	5	9	7	9	4	3	1	5	2	6	1	6	8	3	4	4	8	8	3	7	9	2	6	1
202,5 - 217,5	NO1	SW1	5	2	8	3	9	6	7	4	1	8	5	2	4	1	7	6	3	9	2	8	5	1	7	4	9	6	3
217,5 - 232,5	NO2	SW2	4	2	7	6	9	9	2	4	5	1	5	4	5	1	8	3	3	6	7	8	1	8	7	2	9	6	3
232,5 - 247,5	NO3	SW3	4	2	7	6	9	9	2	4	5	1	5	4	5	1	8	3	3	6	7	8	1	8	7	2	9	6	3
247,5 - 262,5	O1	W1	8	2	3	1	9	5	6	4	1	5	5	9	9	1	4	7	3	2	2	8	6	3	7	7	4	6	8
262,5 - 277,5	O2	W2	9	2	4	7	9	2	2	4	6	3	5	7	8	1	3	1	3	5	6	8	1	5	7	9	4	6	8
277,5 - 292,5	O3	W3	9	2	4	7	9	2	2	4	6	3	5	7	8	1	3	1	3	5	6	8	1	5	7	9	4	6	8
292,5 - 307,5	SO1	NW1	9	2	3	2	9	1	7	4	5	6	5	6	1	1	2	8	3	4	3	8	9	4	7	8	5	6	7
307,5 - 322,5	SO2	NW2	1	2	2	8	9	4	3	4	9	4	5	8	9	1	3	2	3	1	7	8	5	6	7	6	5	6	7
322,5 - 337,5	SO3	NW3	1	2	2	8	9	4	3	4	9	4	5	8	9	1	3	2	3	1	7	8	5	6	7	6	5	6	7

Periode 7

Baujahr 1984 - 2003

Blickrichtung Grad (°)	Sitz	Blick	Norden			Nordosten			Osten			Südosten			Süden			Südwesten			Westen			Nordwesten			Mitte		
			B	Z	W	B	Z	W	B	Z	W	B	Z	W	B	Z	W	B	Z	W	B	Z	W	B	Z	W	B	Z	W
337,5 - 352,5	S1	N1	6	3	8	8	1	6	4	5	1	3	6	2	7	2	7	5	4	9	9	9	5	1	8	4	2	7	3
352,5 - 7,5	S2	N2	7	3	7	5	1	9	9	5	5	1	6	4	6	2	8	8	4	6	4	9	1	3	8	2	2	7	3
7,5 - 22,5	S3	N3	7	3	7	5	1	9	9	5	5	1	6	4	6	2	8	8	4	6	4	9	1	3	8	2	2	7	3
22,5 - 37,5	SW1	NO1	8	3	6	1	1	4	6	5	8	5	6	9	9	2	5	7	4	7	2	9	3	3	8	2	4	7	1
37,5 - 52,5	SW2	NO2	9	3	5	7	1	7	2	5	3	3	6	2	8	2	6	1	4	4	6	9	8	5	8	9	4	7	1
52,5 - 67,5	SW3	NO3	9	3	5	7	1	7	2	5	3	3	6	2	8	2	6	1	4	4	6	9	8	5	8	9	4	7	1
67,5 - 82,5	W1	O1	5	3	1	3	1	8	7	5	3	8	6	4	4	2	9	6	4	2	2	9	7	1	8	6	9	7	5
82,5 - 97,5	W2	O2	4	3	9	6	1	2	2	5	7	1	6	6	5	2	1	3	4	8	7	9	3	8	8	4	9	7	5
97,5 - 112,5	W3	O3	4	3	9	6	1	2	2	5	7	1	6	6	5	2	1	3	4	8	7	9	3	8	8	4	9	7	5
112,5 - 127,5	NW1	SO1	3	3	1	5	1	3	1	5	8	9	6	7	4	2	2	2	4	9	6	9	4	7	8	5	8	7	6
127,5 - 142,5	NW2	SO2	4	3	2	2	1	9	6	5	4	7	6	5	3	2	1	5	4	3	1	9	8	9	8	7	8	7	6
142,5 - 157,5	NW3	SO3	4	3	2	2	1	9	6	5	4	7	6	5	3	2	1	5	4	3	1	9	8	9	8	7	8	7	6
157,5 - 172,5	N1	S1	8	3	6	6	1	8	1	5	4	2	6	3	7	2	7	9	4	5	5	9	9	4	8	1	3	7	2
172,5 - 187,5	N2	S2	7	3	7	9	1	5	5	5	9	4	6	1	8	2	6	6	4	8	1	9	4	2	8	3	3	7	2
187,5 - 202,5	N3	S3	7	3	7	9	1	5	5	5	9	4	6	1	8	2	6	6	4	8	1	9	4	2	8	3	3	7	2
202,5 - 217,5	NO1	SW1	6	3	8	4	1	1	8	5	6	9	6	5	5	2	9	7	4	7	3	9	2	2	8	3	1	7	4
217,5 - 232,5	NO2	SW2	5	3	9	7	1	7	3	5	2	2	6	3	6	2	8	4	4	1	8	9	6	9	8	5	1	7	4
232,5 - 247,5	NO3	SW3	5	3	9	7	1	7	3	5	2	2	6	3	6	2	8	4	4	1	8	9	6	9	8	5	1	7	4
247,5 - 262,5	O1	W1	1	3	5	8	1	3	3	5	7	4	6	8	9	2	4	2	4	6	7	9	2	6	8	1	5	7	9
262,5 - 277,5	O2	W2	9	3	4	2	1	6	7	5	2	6	6	1	1	2	5	8	4	3	3	9	7	4	8	8	5	7	9
277,5 - 292,5	O3	W3	9	3	4	2	1	6	7	5	2	6	6	1	1	2	5	8	4	3	3	9	7	4	8	8	5	7	9
292,5 - 307,5	SO1	NW1	1	3	3	3	1	5	8	5	1	7	6	9	2	2	4	9	4	2	4	9	6	5	8	7	6	7	8
307,5 - 322,5	SO2	NW2	2	3	4	9	1	2	4	5	6	5	6	7	1	2	3	3	4	5	8	9	1	7	8	9	6	7	8
322,5 - 337,5	SO3	NW3	2	3	4	9	1	2	4	5	6	5	6	7	1	2	3	3	4	5	8	9	1	7	8	9	6	7	8

Periode 8

Baujahr 2004 - 2023

Blickrichtung Grad (°)	Sitz	Blick	Norden			Nordosten			Osten			Südosten			Süden			Südwesten			Westen			Nordwesten			Mitte		
			B	Z	W	B	Z	W	B	Z	W	B	Z	W	B	Z	W	B	Z	W	B	Z	W	B	Z	W	B	Z	W
337,5 - 352,5	S1	N1	8	4	8	6	2	1	1	6	6	2	7	5	7	3	9	9	5	7	5	1	2	4	9	3	3	8	4
352,5 - 7,5	S2	N2	7	4	9	9	2	7	5	6	2	4	7	3	8	3	8	6	5	1	1	1	6	2	9	5	3	8	4
7,5 - 22,5	S3	N3	7	4	9	9	2	7	5	6	2	4	7	3	8	3	8	6	5	1	1	1	6	2	9	5	3	8	4
22,5 - 37,5	SW1	NO1	9	4	6	2	2	8	7	6	4	6	7	3	1	3	7	8	5	5	3	1	9	4	9	1	5	8	2
37,5 - 52,5	SW2	NO2	1	4	7	8	2	5	3	6	9	4	7	1	9	3	6	2	5	8	7	1	4	6	9	3	5	8	2
52,5 - 67,5	SW3	NO3	1	4	7	8	2	5	3	6	9	4	7	1	9	3	6	2	5	8	7	1	4	6	9	3	5	8	2
67,5 - 82,5	W1	O1	6	4	1	4	2	3	8	6	8	9	7	7	5	3	2	7	5	9	3	1	4	2	9	5	1	8	6
82,5 - 97,5	W2	O2	5	4	2	7	2	9	3	6	4	2	7	5	6	3	1	4	5	3	8	1	8	9	9	7	1	8	6
97,5 - 112,5	W3	O3	5	4	2	7	2	9	3	6	4	2	7	5	6	3	1	4	5	3	8	1	8	9	9	7	1	8	6
112,5 - 127,5	NW1	SO1	5	4	3	3	2	1	7	6	5	8	7	6	4	3	2	6	5	4	2	1	9	1	9	8	9	8	7
127,5 - 142,5	NW2	SO2	4	4	2	6	2	4	2	6	9	1	7	8	5	3	3	3	5	1	7	1	5	8	9	6	9	8	7
142,5 - 157,5	NW3	SO3	4	4	2	6	2	4	2	6	9	1	7	8	5	3	3	3	5	1	7	1	5	8	9	6	9	8	7
157,5 - 172,5	N1	S1	8	4	8	1	2	6	6	6	1	5	7	2	9	3	7	7	5	9	2	1	5	3	9	4	4	8	3
172,5 - 187,5	N2	S2	9	4	7	7	2	9	2	6	5	3	7	4	8	3	8	1	5	6	6	1	1	5	9	2	4	8	3
187,5 - 202,5	N3	S3	9	4	7	7	2	9	2	6	5	3	7	4	8	3	8	1	5	6	6	1	1	5	9	2	4	8	3
202,5 - 217,5	NO1	SW1	6	4	9	8	2	2	4	6	7	3	7	6	7	3	1	5	5	8	9	1	3	1	9	4	2	8	5
217,5 - 232,5	NO2	SW2	7	4	1	5	2	8	9	6	3	1	7	4	6	3	9	8	5	2	4	1	7	3	9	6	2	8	5
232,5 - 247,5	NO3	SW3	7	4	1	5	2	8	9	6	3	1	7	4	6	3	9	8	5	2	4	1	7	3	9	6	2	8	5
247,5 - 262,5	O1	W1	1	4	6	3	2	4	8	6	8	7	7	9	2	3	5	9	5	7	4	1	3	5	9	2	6	8	1
262,5 - 277,5	O2	W2	2	4	5	9	2	7	4	6	3	5	7	2	1	3	6	3	5	4	8	1	8	7	9	9	6	8	1
277,5 - 292,5	O3	W3	2	4	5	9	2	7	4	6	3	5	7	2	1	3	6	3	5	4	8	1	8	7	9	9	6	8	1
292,5 - 307,5	SO1	NW1	3	4	5	1	2	3	5	6	7	6	7	8	2	3	4	4	5	6	9	1	2	8	9	1	7	8	9
307,5 - 322,5	SO2	NW2	2	4	4	4	2	6	9	6	2	8	7	1	3	3	5	1	5	3	5	1	7	6	9	8	7	8	9
322,5 - 337,5	SO3	NW3	2	4	4	4	2	6	9	6	2	8	7	1	3	3	5	1	5	3	5	1	7	6	9	8	7	8	9

Periode 9

Baujahr 2024 - 2043

Blickrichtung Grad (°)	Sitz	Blick	Norden			Nordosten			Osten			Südosten			Süden			Südwesten			Westen			Nordwesten			Mitte		
			B	Z	W	B	Z	W	B	Z	W	B	Z	W	B	Z	W	B	Z	W	B	Z	W	B	Z	W	B	Z	W
337,5 - 352,5	S1	N1	8	5	1	1	3	8	6	7	3	5	8	4	9	4	9	7	6	2	2	2	7	3	1	6	4	9	5
352,5 - 7,5	S2	N2	9	5	9	7	3	2	2	7	7	3	8	6	8	4	1	1	6	8	6	2	3	5	1	4	4	9	5
7,5 - 22,5	S3	N3	9	5	9	7	3	2	2	7	7	3	8	6	8	4	1	1	6	8	6	2	3	5	1	4	4	9	5
22,5 - 37,5	SW1	NO1	1	5	8	3	3	6	8	7	1	7	8	2	2	4	7	9	6	9	4	2	5	5	1	4	6	9	3
37,5 - 52,5	SW2	NO2	2	5	7	9	3	9	4	7	5	5	8	4	1	4	8	3	6	6	8	2	1	7	1	2	6	9	3
52,5 - 67,5	SW3	NO3	2	5	7	9	3	9	4	7	5	5	8	4	1	4	8	3	6	6	8	2	1	7	1	2	6	9	3
67,5 - 82,5	W1	O1	6	5	3	8	3	1	4	7	5	3	8	6	7	4	2	5	6	4	9	2	9	1	1	8	2	9	7
82,5 - 97,5	W2	O2	7	5	2	5	3	4	9	7	9	1	8	8	6	4	3	8	6	1	4	2	5	3	1	6	2	9	7
97,5 - 112,5	W3	O3	7	5	2	5	3	4	9	7	9	1	8	8	6	4	3	8	6	1	4	2	5	3	1	6	2	9	7
112,5 - 127,5	NW1	SO1	6	5	3	4	3	5	8	7	1	9	8	9	5	4	4	7	6	2	3	2	6	2	1	7	1	9	8
127,5 - 142,5	NW2	SO2	5	5	4	7	3	2	3	7	6	2	8	7	6	4	3	4	6	5	8	2	1	9	1	9	1	9	8
142,5 - 157,5	NW3	SO3	5	5	4	7	3	2	3	7	6	2	8	7	6	4	3	4	6	5	8	2	1	9	1	9	1	9	8
157,5 - 172,5	N1	S1	1	5	8	8	3	1	3	7	6	4	8	5	9	4	9	2	6	7	7	2	2	6	1	3	5	9	4
172,5 - 187,5	N2	S2	9	5	9	2	3	7	7	7	2	6	8	3	1	4	8	8	6	1	3	2	6	4	1	5	5	9	4
187,5 - 202,5	N3	S3	9	5	9	2	3	7	7	7	2	6	8	3	1	4	8	8	6	1	3	2	6	4	1	5	5	9	4
202,5 - 217,5	NO1	SW1	8	5	1	6	3	3	1	7	8	2	8	7	7	4	2	9	6	9	5	2	4	4	1	5	3	9	6
217,5 - 232,5	NO2	SW2	7	5	2	9	3	9	5	7	4	4	8	5	8	4	1	6	6	3	1	2	8	2	1	7	3	9	6
232,5 - 247,5	NO3	SW3	7	5	2	9	3	9	5	7	4	4	8	5	8	4	1	6	6	3	1	2	8	2	1	7	3	9	6
247,5 - 262,5	O1	W1	3	5	6	1	3	8	5	7	4	6	8	3	2	4	7	4	6	5	9	2	9	8	1	1	7	9	2
262,5 - 277,5	O2	W2	2	5	7	4	3	5	9	7	9	8	8	1	3	4	6	1	6	8	5	2	4	6	1	3	7	9	2
277,5 - 292,5	O3	W3	2	5	7	4	3	5	9	7	9	8	8	1	3	4	6	1	6	8	5	2	4	6	1	3	7	9	2
292,5 - 307,5	SO1	NW1	3	5	6	5	3	4	1	7	8	9	8	9	4	4	5	2	6	7	6	2	3	7	1	2	8	9	1
307,5 - 322,5	SO2	NW2	4	5	5	2	3	7	6	7	3	7	8	2	3	4	6	5	6	4	1	2	8	9	1	9	8	9	1
322,5 - 337,5	SO3	NW3	4	5	5	2	3	7	6	7	3	7	8	2	3	4	6	5	6	4	1	2	8	9	1	9	8	9	1

Hedwig Seipel, Jahrgang 1961 studierte Ingenieurwissenschaften (Dipl. Ing.), Marketing und Werbung, arbeitete danach viele Jahre im Produktmanagement bekannter Markenunternehmen.
Mitte der neunziger Jahre bekam ihr Leben eine entscheidende Wendung und sie machte ihr Hobby – die asiatische Lebensphilosophie - zum Beruf. Nach fundierten Ausbildungen im Feng Shui und Geomantie gründete sie 1998 ihre eigene Praxis für Raum- und Lebensgestaltung. Neben der Beratung für private und geschäftliche Objekte, machen Publikationen, Bildungskurse, Seminare und Vorträge einen großen Teil ihrer Tätigkeit aus.
In ihrer Arbeit adaptiert sie die Prinzipien der fernöstlichen Weltanschauung an die Herausforderungen des modernen Lebens in Europa. Dabei bleibt sie stets pragmatisch und an praktischen Lösungen orientiert.

www.fengshui-classic.de

und weitere Projekte
www.seipel-marketing.de
www.fengshui-beratershop.de
www.feng-shui-blog.eu

Weitere Informationen zum Buch, sowie Fragestellungen zur Methode der „fliegenden Sterne“ und anderer Themen rund um Feng Shui finden Sie im Internet:
www.9-sternlein.de